항공사 여객
서비스개론
Airline Passenger Service

서문

항공산업은 가장 크고 빠르게 성장하는 산업 중 하나이며,
전세계에서 4번째로 큰 산업으로 수 년 동안 지속 성장할 것으로 기대된다.

항공 산업의 발달로 인해 항공사는 보다 전문성을 지닌 전문 인력을 요구하고 있으며, 전문 인력이 담당 할 수 있는 업무 분야 외에는 자동화 시스템을 통한 인건비 절약 체제를 도입하게 되었다. 항공 예약 시스템인 GDS와 수속 시스템인 DCS는 이미 승객의 정보와 운임 등에 대한 예약, 발권, 수속을 편리하게 사용자 중심으로 개발하였고, 공항 내 수속 또한 키오스크를 통해 Self Check-in이 가능한 시대가 되었다.

경제 성장에 따른 항공 산업의 발달은 시스템의 자동화를 요구하게 되었고, 인력에 대한 수요를 감소 시킴으로써 항공편과 항공사, 공항의 증가에도 불구하고 항공 관련 종사자에 대한 요구는 많이 증가하지 못하였다. 이로 인하여, 전문성을 지닌 인재에 대한 필요성이 무엇보다도 절실하게 되었고, 빠르게 성장하고 변화하는 항공 시스템에 대해 기초적인 지식없이 업무 변화에 적응하기가 어려워 지게 되었다.

항공인을 꿈꾸는, 항공업에 종사하는 모든 이들에게 이 책이 항공사 입문의 가장 기초적인 서비스 구조와 종류, 항공 서비스에 사용되는 기본 용어들에 대한 지식을 전달함으로써 기본에 충실하게 전문성을 키워갈 수 있기를 희망한다.

교재 소개

　이 책은 국제 항공 여행의 예약을 진행할 때 관련된 다양한 서비스와 용어에 대한 정의에 대해 소개하고 있다.

　여행사, 항공사 직원의 기본적인 역할은 여행객들의 여행 계획을 전문성을 가지고 돕는 것이므로, 이 책을 통해서 여러분들은 항공 산업의 공통적이고 기본적인 내용을 전문성 있게 습득하게 될 것이다. 항공 스케줄과 이외에 다양하게 제공되는 항공 서비스에 관련한 정보를 이해하는 방식과 승객의 여행 전 혹은 여행 동안 제공 가능한 서비스나 시설 등에 대한 이해를 통하여 여러분들은 보다 전문성을 가진 항공 전문가로서 자질을 갖추게 될 것이다.

　항공사 상품과 서비스에 대한 이해는 항공 예약을 진행하거나, 그 외 다양한 항공사 업무를 진행 할 때 매우 중요한 필수 지식이다. 항공사에서 판매하는 상품, 즉 좌석과 그 외 제공되는 서비스를 통한 부가 수익, 혹은 무료로 제공되는 서비스 등을 통해 승객은 항공사의 상품을 적절하게 이용 할 수 있고, 직원은 승객에 맞는 최상의 서비스를 유료이던, 무료이던 정보 제공할 수 있는 지식을 가져야만 한다. 항공사 직원의 서비스 정보와 지식을 통해 승객은 항공사의 상품을 선택, 고려하게 되며, 이는 승객이 항공사를 선택하는데 중요한 영향을 미치게 된다.

　Airline Passenger Service 학습 과정을 통해서 항공사 상품의 종류와 규정, 승객에게 전달할 수 있는 정보의 판독에 대해 학습하고 적용되는 국제 규정들과 항공 코드의 의미와 정의를 통하여 항공 실무 현장에서 기초부터 탄탄한 최고의 전문가로 성장하기를 희망한다.

차례

Airline Passenger Service

Chapter

01

공항에
대한 이해

공항이란 일반적으로 여객과 화물의 수송이 가능한, 또한 이를 위해 이착륙이 가능한 활주로가 있는 비행장을 의미한다. 공항은 그 목적에 의해 활주로나, 출입국 관리소, 터미널 등의 시설이 당연히 갖추어져 있어야 하며, 그 외에 이용자들의 편의를 제공하기 위해 다양한 서비스 시설을 제공하여야 한다.

공항은 승객과 방문객들에게 더 나은 서비스를 제공 하고자 끊임없이 변화를 시도하고 있으며, 더 많은 항공사들, 더 많은 승객들, 그리고, 여러 다양한 새로운 사업을 유치하기 위해 세계 여러 나라의 공항들은 공항 시설의 수준과 범위를 향상 시키고자 노력하고 있다.

해마다 공항을 통해 여행하는 여행객들의 수치는 공항의 사회, 경제적 역할을 반영하며, 이러한 공항들의 지리적 위치나 명칭, 사용하는 3자리 도시/공항 코드를 통한 업무 판독이 무엇보다도 중요하다고 볼 수 있다.

표 1.1 세계 공항의 이용객 수

순위	공항 이름	도시명	공항 코드	이용객 수
1	Hartsfield-Jakson Atlanta Airport	Atlanta, US	ATL	85,907,423
2	O'Hare Airport	Chicago, US	ORD	76,510,003
3	London Heathrow Airport	London, GB	LHR	67,915,389
4	Haneda Airport	Tokyo, JP	HND	63,282,219
5	Los Angeles International Airport	Los Angeles, US	LAX	61,485,269
6	Fort Worth Airport	Dallas, US	DFW	59,064,360
7	Charles de Gaulle Airport	Paris, FR	CDG	53,756,200
8	Frankfurt Airport	Frankfurt, DE	FRA	52,219,412
9	McCarran International Airport	Las Vegas, US	LAS	44,280,190
10	Schiphol Airport	Amsterdam, NL	AMS	44,163,098

출처 : Airport Council International(ACI), www.airports.org

01 공항 터미널-Airport Terminal

출발하는 여행객들은 공항의 출발 터미널에 도착하여 수속을 진행하게 된다. 규모가 큰 공항들의 대부분은 하나 이상의 터미널을 가지고 있으므로, 여행객들이 수속하는 터미널에 대한 정보를 정확하게 전달하여 승객의 여행이 순조롭게 진행되는 것이 중요하다. 여러 개 출발 터미널을 가진 공항은 터미널을 구분하기 위해 일반적으로 숫자를 사용하여 표기 하며, 터미널에 대한 정보는 승객의 여행 일정표 내에 반드시 표기되어 있어야 한다. 인천공항이나 런던의 Heathrow공항과 같이 규모가 큰 대부분의 공항은 일반적으로 출발과 도착 터미널을 모두 가지고 있으며, 도착 터미널은 아래쪽에 출발 터미널은 위쪽에 위치해 있다.

그림 1.1
인천 국제 공항 터미널 구조

출처: www.airport.kr

그림 1.2
인천 국제 공항 제2터미널 활주로

출처: www.airport.kr

그림 1.3
인천 국제 공항 제 2터미널 구조

1층 : 도착
2층 : 정부 종합 행정 센터
3층 : 출발(수속)
4층 : 항공사 사무실
5층 : 전망대

출처: www.airport.kr

그림 1.4
인천 국제 공항 제 1 출발 터미널

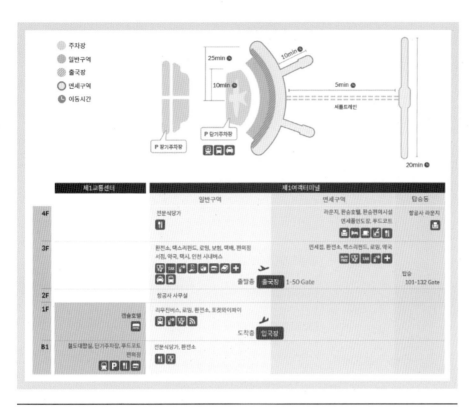

그림 1.5
인천 국제 공항 제 1 출발 터미널 시설과 구조

그림 1.6
인천 국제 공항 제 2 출발 터미널

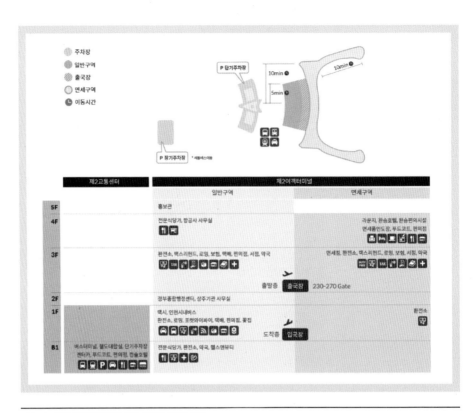

그림 1.7   인천 국제 공항 제 2 출발 터미널 시설과 구조

런던의 Heathrow 공항은 규모가 가장 크고 바쁜, 연결 공항으로서 역할이 큰 허브 공항 중의 하나로 꼽힌다. 현재, Heathrow 공항은 총 5개의 터미널 중 터미널 2번부터 5번까지만 사용을 하며, 일시적으로 혹은 특정 기간 동안 사용 터미널이 변동 되거나 변경할 수 있다.

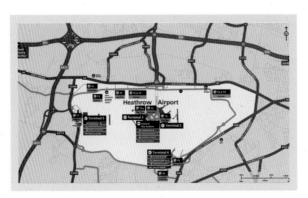

그림 1.8
런던 Heathrow Airport Map

출처: www.heathrowairport.com

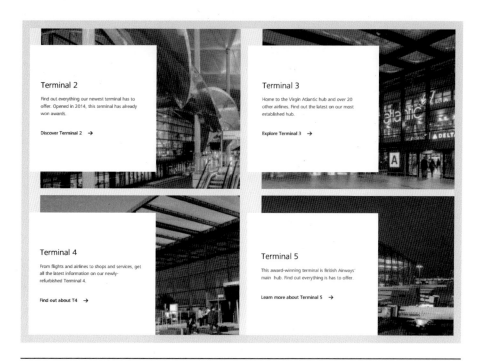

그림 1.9 런던 Heathrow Airport Map

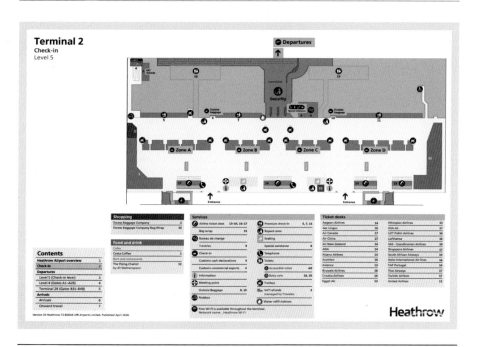

그림 1.10 런던 Heathrow Airport 터미널2 Check-in

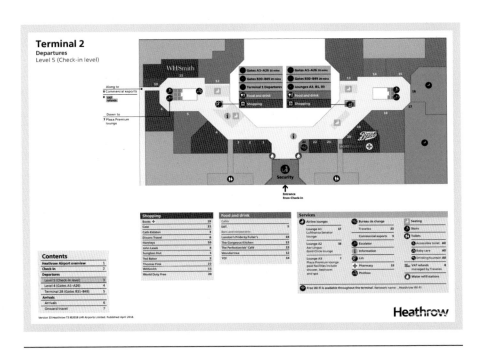

그림 1.11   런던 Heathrow Airport 터미널2 Departure/Level5

출처: www.heathrowairport.com

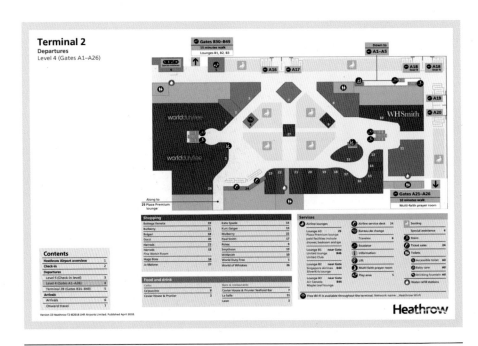

그림 1.12   런던 Heathrow Airport 터미널2 Departure Gate

출처: www.heathrowairport.com

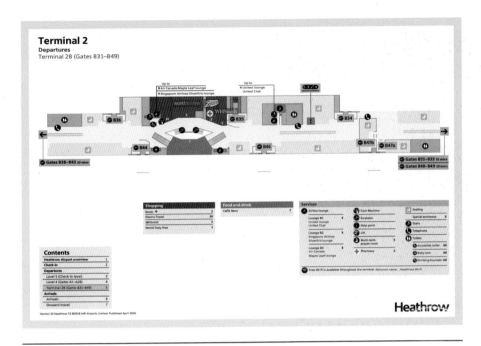

그림 1.13   런던 Heathrow Airport 터미널2 Departure Gate

출처: www.heathrowairport.com

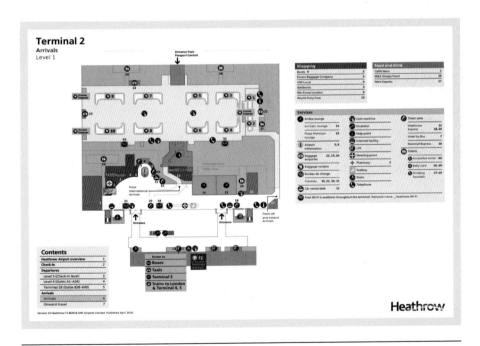

그림 1.14   런던 Heathrow Airport 터미널2 Arrival

출처: www.heathrowairport.com

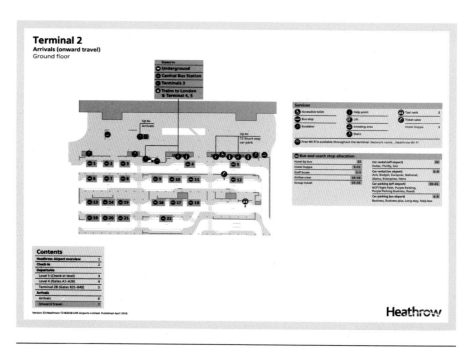

그림 1.15   런던 Heathrow Airport 터미널2 Arrival

출처: www.heathrowairport.com

02   출발 터미널

승객이 항공편을 탑승하기 위해서 공항에 도착하게 되면 아래와 같이 출발을 위한 4번의 주요 절차를 따라야 한다.

🧳 수속: Check-in

해당 터미널에 도착하기 위해 모든 승객들은 수속의 절차를 진행해야 한다. 수속은 항공사 수속 담당 직원에게 전자 항공권Electronic Ticket, 여권, 예약 번호를 제시 하는 절차이며 많은 공항들은 공항내의 Self-service Kiosk를 통하거나 혹은, 집에서의 온라인 수속도 가능하도록 설계되어 있다. 전자 항공권과 수하물이 온라인으로 수속 가능하게 진행이 되고, 탑승권 또한 가정이나 사무실 내에서 출력 가능하도록 설계되어 있다.

그림 1.16
인천 공항 출발 터미널

그림 1.17
인천 공항 수속 데스크

그림 1.18
인천 공항 수속 카운터와
Self Check-in system

그림 1.19
Self Check-in System 화면

그림 1.20
마드리드 공항 수속 데스크

승객은 항공사 사이트에 접속하여 쉽게 예약 번호 등을 확인하여 집이나 사무실에서 탑승권을 출력할 수 있다. 거의 대부분의 항공사들이 전자 항공권을 사용하고 있으며 탑승권은 승객의 핸드폰 혹은 이메일로 전송 받을 수 있다.

그림 1.20
인천 공항 수속 시스템

그림 1.21
인천 공항 환승 데스크 수속 시스템

그림 1.22   모바일 보딩패스

　모든 항공사들은 승객들이 해당 국가에 입국 가능한 여권과 비자를 소지하고 있는지에 대한 최종적인 책임을 지니게 된다. 수속 데스크에서 올바르게 업무가 진행될 경우에는 거의 발생하지 않지만, 수속 데스크의 미확인이나 업무 처리 미숙으로 인해 부적합한 서류를 가지고 승객이 입국하게 될 경우 도착지 국가에서의 입국 거부 등으로 인한 벌금과 비용을 부여 받을 수 있다.

여권 심사 및 보안 체크: Passport Control and Security Checks

　수속 절차가 완료된 후 모든 승객들은 여권 심사와 보안 검색대를 통과하게 된다. 공항은 탑승을 대기하는 Transit Area에 들어가는 탑승권을 소지하는 승객들을 확인해야 하는 책임을 지닌다.

　여권 심사와 보안 검색대에 있는 직원은 다음과 같은 내용을 확인하는 역할을 한다.

- 출발 항공편을 탑승하기 위한 유효한 탑승권을 소지하는 지의 여부
- 승객의 여권 이름과 탑승권의 영문 이름이 일치하는 지의 여부
- 승객이 위험하거나 제한된 물건을 소지하는 지의 여부

🧳 환승 지역: Transit Area

환승 지역은 Airport Concourse라고도 불리운다. 출발 승객이 탑승하기 위해 항공편을 대기하는 장소이며, 승객은 면세점이나 식당 등 공항 시설을 이용 할 수 있는 기회를 가지게 된다.

혹은, 다른 지역에서 입국하여 입국심사를 거치지 않고 제3국으로 연결하여 출국하는 승객들의 대기 장소로 이용이 되기도 하며, 환승 지역 내에는 Transit Desk라는 항공권 확인 작업을 도와주는 항공사 데스크가 마련되기도 한다.

그림 1.23
인천 국제 공항 환승 지역 (1)

그림 1.24
인천 국제 공항 환승 지역 (2)

그림 1.25
인천 국제 공항 면세점

환승 지역 내에 항공사 라운지와 각 종 승객 서비스 시설들이 제공 되기도 하며, 환승 시 대기 시간이 길 경우 Dayroom 같은 6시간 정도의 휴식을 하거나 샤워, 수면을 할 수 있는 호텔 시설이 갖추어져 있는 공항 들도 있다.

🧳 탑승: Boarding

탑승 게이트에서 승객들은 여권과 탑승권을 반드시 제시 해야 하며, 항공편에 탑승하기 위한 마지막 확인 절차 이다. 지상직 직원은 탑승 게이트에서 탑승권이 해당 항공기 탑승에 적합한지 재확인하고, 목적지가 다른 승객이 항공기에 잘못 탑승하지 않도록 방지한다.

그림 1.26
탑승 게이트

그림 1.27
항공기 승객 탑승 브릿지(1)

그림 1.28
항공기 승객 탑승 브릿지 이동(2)

그림 1.29
항공기 리모트 탑승(계류장 탑승)

모든 승객들은 수속 전에 유효한 항공권, 여권, 비자(필요한 국가일 경우)를 반드시 소지해야 하며 항공사는 승객들이 해당 국가에 입국 가능한 여권과 비자를 소지하고 있는지에 대한 최종적인 책임을 지니게 된다.

공항의 일반적인 구조는 1층-도착 층, 2층-항공사 사무실, 3층-출발 층으로 구성되어 있으나, 2018년 1월18일에 개장한 인천국제공항 제 2여객터미널은 2층에 정부 종합행정센터를 배치하고 항공사 사무실을 4층에 배치한 것이 특징이다.

제 2여객 터미널은 스카이팀 항공사가 사용을 하고 있다.

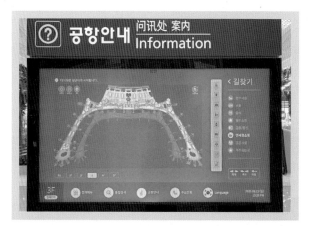

그림 1.30
인천국제공항 제 2여객 터미널 전자 안내도

그림 1.31
인천국제공항 제 2여객터미널 4층 항공사 사무실 안내

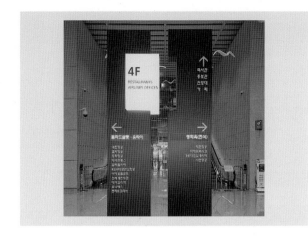

그림 1.32
인천국제공항 제 2여객터미널 4층
항공사 사무실 안내

그림 1.33
인천국제공항 제 2여객터미널 출발
터미널

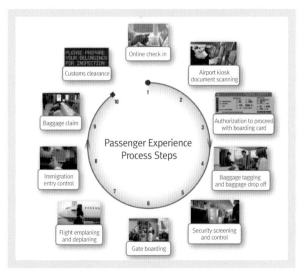

그림 1.34
Passenger Experience Process
Steps

최종 목적지에 도달하지 않은 채 공항에 도착하여 연결 항공편을 갈아타야 하는 승객도 있다. 이런 승객들은 다음 항공편을 위해 Transit Area, 즉 환승 지역에서 대기하게 된다.

그림 1.35
환승 지역

그림 1.36
환승 지역에서 본 활주로
(인천국제공항 제 1여객 터미널)

그림 1.37
환승 지역에서 본 활주로
(인천국제공항 제 2여객 터미널)

다른 지역에서 도착 후 항공기를 환승하기 위해 환승 지역에 있는 승객들은 일반적으로 세관과 입국 절차를 거치지 않는다. 수하물은 도착 항공편에서 다음 출발 항공편으로 공항 화물 담당자에 의해 이동이 된다.

🎒 Minimum Connecting Time^{MCT}

최소 환승 시간$_{MCT}$이란 승객과 화물이 다음 항공편으로 연결할 경우 필요로 하는 최소 시간이다. 연결 항공편의 종류에 따라 아래와 같이 4가지 유형으로 구분된다.

- The International Connection: 2개의 국제선 항공편 간 환승
- The Domestic Connection: 동일 국가 내 2개의 국내선 항공편 간 환승
- The International to Domestic Connection: 국제선 항공편으로 도착 후 국내선 항공편으로 출발 시
- The Domestic to International Connection: 국내선 항공편으로 도착 후 국제선 항공편으로 출발 시

```
DMATH/20JUL
ATH  ATH  STANDARD MINIMUM CONNECTING TIMES
ATH-ATH      FROM       -              TO        D/D  D/I  I/D  I/I
CC FLTN-FLTR ORGN EQP TM CS-CC FLTN-FLTR DEST EQP TM CS HHMM HHMM HHMM HHMM
                                       -               0045 0045 0055 0045
CK SPECIFIC CARRIER FOR EXCEPTIONS TO STANDARD CONNECTING TIMES
PRECLEARANCE MAY APPLY
```

그림 1-38   아테네공항 최소 환승 시간 조회 화면/Altea system
I/I: The International Connection (45분)
D/D: The Domestic Connection (45분)
I/D: The International to Domestic (55분)
D/I: The Domestic to International (45분)

항공편을 예약할 때 최소 환승 시간을 확인 하는 것은 매우 중요하다. MCT라 함은 최소 환승 시간이므로 시스템에서 조회되는 시간보다 가능한 여유 시간을 두고 예약을 진행하는 것이 연결 항공편의 지연이나 취소 상황에 대비할 수 있다.

Key Learning Point

평균적으로 2개의 국제선 항공편 간의 최소 환승 시간은 같은 공항 내에서 2시간 미만이다.
최소 연결 시간보다 추가 시간을 계산하여 연결편 예약을 하는 것이 항공편 지연에 따른 상황에 대비할 수 있다. 연결편은 같은 도시 내에서 다른 공항을 이용할 수도, 혹은 다른 터미널을 이용할 수도 있으므로, 최소 연결 시간보다는 여유 시간을 두는 것이 좋다.

목적지 공항에 도착하여, 모든 승객들은 아래와 같은 동일한 절차를 통하여 입국
하게 된다.

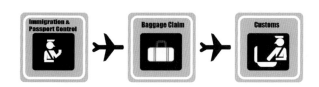

🏛 **입국 심사**Immigration and Passport Control

모든 도착 승객들은 목적지 국가에 입국 승인을 받기 위한 절차를 진행하게 된다.
건강 상태, 혹은 입국 시 필요한 비자도착 시 비자 발급이 가능한 나라도 있다-Arrival visa등을 확인
하게 된다.

그림 1.39

🏛 **수하물 찾는 곳: Baggage Claim**

승객은 입국 심사를 거친 후 Arrival Hall에서 수하물을 찾게 된다. 모든 수하물
은 공항내의 Baggage Claim지역으로 운반되고, 국제선 Baggage Claim Area는
Immigration 과 Passport control을 거친 후 세관을 통과하기 전에 위치한다.
Baggage Claim Area에는 환전과 현금 인출기 등 다양한 시설들이 많이 있다.

그림 1.40
마드리드 공항 Arrival Hall-Baggage
Claim

그림 1.41
인천 국제 공항 Arrival Hall-Baggage
Claim

🛄 세관: Customs

수하물을 찾은 후, 승객들은 세관 통과를 하여야 한다. 세관 심사 시 면세 제품의 허용 범위에 대한 내용이 표기되어 있고, 도착 항공편에서 승객들이 도착하기 전에 신고서를 작성하게 되어 있다.

그림 1.42
Arrival Hall 시설

그림 1.43
인천 국제 공항 도착 Hall

그림 1.44
인천국제공항 제2터미널 도착 Hall

유럽 연합 회원국 국가 내에 있는 공항에 도착하는 승객들은 아래와 같은 3가지 세관 신고 방식을 선택하게 된다.

- The Red Channel: 세관 신고 물품을 소지한 경우
- The Green Channel: 상업용이 아닌 개인 물품을 소지하며, 면세 범위를 초과하지 않는 승객. 국가마다 다양한 반입 제한 물품들이나, 면세 허용 범위 등은 Travel Information ManualTIM에 명시되어 있다.
- The Blue Channel: 유럽 연합 회원국 내에서만 여행을 하는 승객들의 세관 신고 방식. 면세 범위를 초과하지 않으며 세관 직원들은 불시 검사를 통한 승객 확인을 한다.

표 1.2 Member States of the EU

유럽 연합 국가	벨기에	독일	덴마크	스페인	핀란드	체코	몰타
	룩셈부르크	이탈리아	아일랜드	포르투갈	오스트리아	슬로바키아	리투아니아
	프랑스	네덜란드	그리스	스웨덴	폴란드	헝가리	라트비아
	키프로스	루마니아	슬로베니아	크로아티아	에스토니아	불가리아	

항공사여객서비스개론
Airline Passenger Service

A. 승객이 입국 국가에 필요한 유효한 여권과 비자를 확인하는 것은 항공사의 책임이다.

ⓐ True

ⓑ False

B. MCT 란 환승 시 필요한 최소 환승 시간을 의미한다.

ⓐ True

ⓑ False

C. 국제선 도착 터미널은 승객이 여권 심사 후 Baggage Claim Area에 도착하게 되어 있다.

ⓐ True

ⓑ False

D. 세관은 Baggage Claim Area 이전에 위치한다.

ⓐ True

ⓑ False

E. 유럽 내 세관 통과 시 Blue Channel이 적용되는 국가를 고르시오.

ⓐ 러시아와 폴란드

ⓑ 프랑스와 스위스

ⓒ 중국과 아일랜드

ⓓ 포르투갈과 핀란드

F. 다음 스케줄을 보고 인천공항에서 승객의 최소 환승 시간을 고르시오.

```
┌─────────────────────────────────┐
│   여정: 부산(PUS)-인천(ICN)-파리(PAR)  │
└─────────────────────────────────┘
DMICN/14OCT20
ICN  STANDARD MINIMUM CONNECTING TIMES
ICN-ICN    FROM          -          TO         D/D  D/I  I/D  I/I
CC FLTN-FLTR ORGN EQP TM CS-CC FLTN-FLTR DEST EQP TM CS HHMM HHMM HHMM HHMM
                         -                         0040 0140 0140 0110
```

ⓐ 1 hour

ⓑ 40 minutes

ⓒ 1 hour 40 minutes

ⓓ 1 hour 10 minutes

Answer Key

A.ⓐ   B.ⓐ   C.ⓐ   D.ⓑ   E.ⓓ   F.ⓒ

Airline
Passenger
Service

Chapter
02

항공 상품과
항공사서비스

항공편을 이용하는 승객들에게 제공 가능한 서비스들과 항공권의 다양한 형태에 대해 설명할 수 있는 지식이 있다는 것은 항공 전문가로서 매우 중요한 일이다. Travel Arrangement란 이런 모든 가능한 서비스들을 제공하는 것을 의미하며, 항공사들마다의 여러 다양한 마일리지 프로그램과 항공 동맹체를 통한 다양한 서비스들에 대한 전문 지식을 지니고 있어야 승객들에게 전문적인 서비스 제공이 가능하다.

특별 서비스 요청이나 수속 시 승객 지원, 특별 기내식, 휠체어 등 여러 다양한 서비스들이 승객에게 제공될 수 있으므로 항공 서비스에 대한 전문적인 지식이 요구된다.

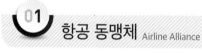

01 항공 동맹체 Airline Alliance

항공 동맹체란 여러 항공사들의 상호 협력을 위한 마케팅 차원의 협정이라고 볼 수 있다.

🚀 **표 2.1 대표적인 항공 동맹체와 창립 멤버 항공사**

	STAR ALLIANCE www.staralliance.com	oneworld www.oneworld.com	SKYTEAM www.skyteam.com
Year founded	1997	1999	2000
Founding airlines	Air Canada	American Airlines	Aeromexico
	Lufthansa	British Airways	Air France
	Scandinavian Airlines	Cathay Pacific	Delta Airlines
	Thai Airways	Japan Airlines	KLM Royal Dutch Airlines
	United Airlines	Qantas	Korean Air

1989년 제일 처음으로 Northwest Airline과 KLM항공사가 공동 운항을 통한 항공 동맹체 협약에 동의 하였고, 네덜란드와 USA는 각 국가의 제한된 운수권을 허용하는 Open Sky 협정에 서명하였다. 운수권은 일반적으로 각국의 정부 기관과 목적지까지 운항하는 항공사의 주당 운항 가능한 항공 편수에 관한 협정에 의해 성립된다.

현재 대표적인 항공 동맹체에는 Star Alliance, One World, Sky Team이 있다. 많은 항공사들이 이 3가지 항공 동맹체 중 하나의 회원사들이며 이 회원사들의 각 창립 멤버 항공사들은 표 2.1과 같다.

• Star Alliance : 약 26개 항공사 가입, 1300개 공항 네트워크

• One World : 약 13개 항공사 가입, 1000여개 취항지 네트워크

• Sky Team : 약 19개 항공사 가입, 170여개국 1036개 취항지

그림 2.1
스타얼라이언스 소속 항공기

그림 2.2
스타얼라이언스 소속 항공기

그림 2.3
스카이팀 소속 항공기

그림 2.4
원월드소속 항공기

출처: https://www.flightradar24.
com/data/aircraft/g-civp

 Key Learning Point

많은 항공사들이 주요한 3가지 항공 동맹체 Star Alliance, One World, Sky Team중 하나에 가입이 되어 있으며, 항공 동맹체를 통하여 항공사들은 각 사의 상품, 즉 항공 좌석 등을 서로 공유함으로써 직접 운항하지 않고도 다양한 항공 스케줄을 승객에게 제공할 수 있다.

표 2.2 항공 동맹체를 통한 항공사와 승객의 혜택

Alliance Features	Benefits for Airlines	Benefits for Passengers
Shared operations and resources, including: • staff • aircraft maintenance • airport lounges	• reduced costs • improved service • more products	• more amenities and services such as airport lounges • lower air fares
Increased negotiation or bargaining power with suppliers such as: • aircraft manufacturers • fuel providers • third party service providers such as airport ground handling	• reduced costs	• lower air fares
Code sharing flights and combining networks	• more destinations served without operating more aircrafts	• more destinations in easy reach • better schedules and more frequent departures • shorter connecting times • reciprocal frequent flyer programs to collect miles/points and privileges

항공 동맹체가 설립된 중요한 이유는 아래와 같다.

🧳 항공 네트워크의 확장

항공 동맹체의 네트워크는 승객들에게 더 많은 연결편을 제공함으로써 승객에게 편리함을 제공한다. 동맹체 파트너사들은 전형적으로 공동 운항편을 운영하며, 공동 운항을 통하여 운항 하지 않는 노선에 대한 동맹체 노선들을 효과적으로 활용하여 승객에게 판매할 수 있으므로, 다양한 노선을 제공할 수 있다.

🧳 비용 절감

동맹체 파트너사들은 아래와 같은 관련 비용들을 분배함으로써 비용을 절감하는 효과를 본다.
- 영업, 판매 사무실 임대 비용과 인건비
- 항공기 정비를 위한 격납고와 정비공 비용
- 기내식, 혹은 수속 시스템과 같은 운항 시 필요한 설비 비용
- 지상 조업과 승객 서비스 담당 등 직원 운용비
- 투자 및 구매비용

📢 Key Learning Point

항공 동맹체는 운항에 필요한 비용의 절감과 실제 항공편을 운항하지 않고 회원사의 항공편을 사용함으로써 네트워크를 확장하기 위하여 설립되었다. 또한, 항공 동맹체의 서비스를 통하여 승객들은 다양한 항공편수를 선택하며, 회원사들의 연결편 네트워크를 통하여 더 많은 항공 스케줄을 사용할 수 있게 되었다.

저비용 항공사 동맹체 : U-FLY Alliance, Value Alliance

U-FLY Alliance	중국-홍콩 지역을 기반으로 한 최초 저비용 항공사 동맹체
Eastar-Jet	Joined 27July 2016
HK Express	Joined 18January 2016
Lucky Air	Joined 18January 2016
Urumqi Air	Joined 18January 2016
West Air	Joined 18January 2016

Value Alliance	태평양 지역을 기반으로 한 저비용 항공사 동맹체
Cebu Pacific	Joined 16May 2016
Cebgo	Joined 16May 2016
Jeju Air	Joined 16May 2016
Nok Air	Joined 16May 2016
Scoot	Joined 16May 2016

 02 항공사 마일리지 프로그램 Airline Loyalty Program

　대부분의 항공사들은 Loyalty Program이라고 하는 자체 마일리지 프로그램을 운영하며, Frequent Flyer ProgramFFP 이라고도 한다. 이러한 프로그램을 통하여 승객들은 해당 항공사를 다시 한번 이용하게 되고, 승객들이 프로그램에 가입하고자 할 때 회원 가입 비용이나 기간 연장 비용 등을 받지 않는다. 회원 가입을 통하여, 승객들은 마일리지 포인트를 적립하고, 무료 항공권이나 좌석 승급에 포인트를 사용할 수 있다. 포인트는 승객이 탑승하는 항공편의 마일을 기준으로 적립이 되며 무료 항공권은 적립 대상에서 제외된다. 승객이 여행을 많이 할수록 많은 포인트를

표 2.3 항공사 별 마일리지 프로그램 이름

Airline	Frequent Flyer Program Name (FFP)
Thai Airlines	Royal Orchid Plus
Cathay Pacific	Asia Miles
Singapore Airline	Kris Flyer
Lufthansa	Miles & More
Delta Airlines	Sky Miles
Scandinavian Airlines	Euro Bonus
Garuda Indonesia	Garuda Miles

적립하게 되며, 무료 항공권 사용이나 좌석 승급, 연계 호텔 숙박 이용, 렌터카 사용 등 다양하게 활용할 수 있다.

많은 항공사들이 적립 포인트에 따라 Bronze, Silver, Gold, Platinum등 다양한 등급을 사용하여 마일리지 멤버십 혜택을 차등화 시키고 있다. 가장 기본적인 멤버십 단계에서는 이용한 항공편의 마일에 따라 포인트를 적립하고 향후 예상되는 여정에 포인트를 사용하는 방식이며, 승객이 최소 수준의 마일리지에 도달하였을 때 자동적으로 다음 단계로의 멤버십 승급이 된다. 상위 단계의 멤버십 레벨은 Regular Points와 Bonus Point를 분리하여 추가 마일리지를 제공하는 등 다양한 혜택을 적용하기 때문에 상위 단계의 레벨에서 마일리지 포인트 적립을 더 효과적으로 할 수 있다.

마일리지 프로그램은 상위 레벨의 멤버십 회원에게 다양한 혜택들을 제공하고 있다. 수속이나 항공기 탑승 시 Gate에서 대기하여야 하는 시간을 줄이고 편리한 탑승을 위해 Priority Check-in, 혹은 Priority Boarding등의 혜택을 제공하거나, 공항 라운지 이용권, 좌석 승급, 추가 수하물 무료 허용 등 항공사들은 여러가지 혜택을 제공함으로써, 항공사에 충성도가 높은 승객을 유치하고 유지시키고자 한다.

예를 들어, 타이항공사의 Royal Orchid Plus(ROP) 프로그램은 아래와 같은 멤버십 레벨을 제공한다.

표 2.4 타이항공사 마일리지 프로그램 멤버십 등급 별 혜택

Rewards and Privileges	Basic	Silver	Gold	Platinum
Priority Waitlist		O	O	O
Guarantee Economy Class Seat			O	O
Access to First Class Check-in			O	O
Additional Free Baggage Allowance		10Kg	20Kg	30Kg
Fast Track & Security Priority				O
Access Membership center	O	O	O	O
Priority Stand By		O	O	O
Waiver Expire Mileage point				O

- Basic Member
- Silver Member
- Gold Member
- Platinum Member

항공사의 마일리지 프로그램은 회원 승객들의 여행 기록과 서비스 요구 사항 등의 이전 기록을 통하여 보다 더 전문성을 가지고 승객의 여정을 계획할 수 있도록 도움을 주며, 승객은 마일리지의 적립과 서비스 요구 전달을 위해 항공 예약 시 반드시 마일리지 번호를 입력하여야 한다. 항공사 직원은 예약 사항에 SSR_{Special Service} Request의 지시어 형식으로 입력하여, 승객이 항공편을 이용할 때 자동적으로 마일리지가 적립될 수 있도록 한다.

마일리지 포인트를 차감하여 진행하는 예약은 항공사 자체 시스템에서만 가능하며, GDS를 통한 여행사 예약은 불가하다. 이는 항공사에서만 회원 계좌의 마일리지 포인트를 관리 할 수 있기 때문이며, 항공사 시스템을 통해서만 마일리지 차감이 가능하기 때문이다.

Key Learning Point

 항공사 마일리지 프로그램은 승객이 해당 항공사 혹은 파트너 항공사들을 이용함으로써 포인트를 적립할 수 있게 하며, 포인트는 항공권, 좌석 승급, 추가 수하물, 공항 라운지 사용 등 다양한 혜택들을 이용할 때 사용가능하다. 여행사를 통해 항공권을 구매할 경우, 여행사 직원은 마일리지 자동 적립을 위해 예약 시스템 내에 반드시 승객의 마일리지 번호를 SSR 지시어를 사용하여 입력하여야 한다.

그림 2.5
인천 공항 라운지

그림 2.6
인천 공항 라운지 내 식사 서비스

03 저비용 항공사의 마일리지 프로그램

1 제주항공: Refresh Point

리프레시 포인트는, 유류세나 공항세 등을 제외한 순수 항공 운임의 5%가 적립이
되며, 가족이나 친구에게 포인트를 양도 및 합산 하여 항공권을 구매할 수 있다. 누
적 탑승 횟수에 따라 추가 포인트가 적립이 되며, 사전 좌석 이용 및 기내식 주문에
유용하게 사용할 수 있다.

그림 2.7   제주항공 Refresh Point

출처: https://www.jejuair.net/jejuair/kr/refresh/goRefreshPointInfo.do

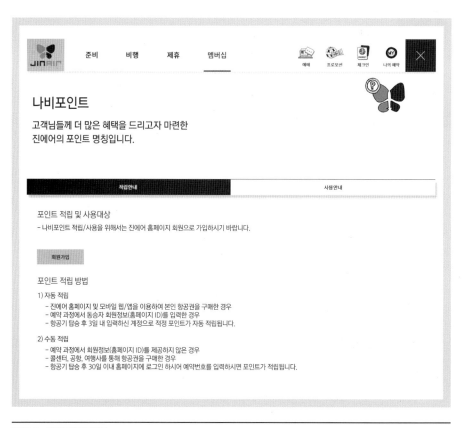

그림 2.8   진에어 나비포인트

출처: https://www.jinair.com/benefit/point

2 진에어: 나비포인트

진에어의 멤버십인 나비포인트는 진에어 홈페이지 회원으로 가입 후 적립/사용 가능하며, 대한항공 공동운항편 탑승시에도 포인트를 적립할 수 있다.

3 에어부산: FLY&STAMP

에어부산은 금호아시아나 그룹사인 저비용항공사이지만 아시아나 항공과 마일리지 제휴는 되지않으며, 공동운항 이용 시 실제 운항하는 항공사에 따라 마일리지 또는 스탬프 적립 등을 제공하고 있다.

▶ 스탬프항공권 이용방법

항공권 구매	에어부산 탑승	스탬프 적립	스탬프항공권 이용
홈페이지/모바일	소아/유아제외	회원가입/이벤트 등을 통한	
		미니스탬프 추가 적립	

▶ 스탬프항공권 혜택

 평수기, 성수기 구분없이
일년 내내 사용 가능합니다.

 홈페이지 및 모바일에서도
적립 및 사용이 가능합니다.

 국내, 국제 여정에
사용 가능합니다.

 항공권 구매를 통한 적립뿐 아니라
양도/구매가 가능합니다.

- 스탬프 적립은 에어부산 홈페이지 회원만 가능하며, 탑승자 본인에게만 적립됩니다. 비회원의 경우, 사전에 회원가입을 해주시기 바랍니다.
- 소아/유아 탑승객은 스탬프 적립 대상에서 제외됩니다.
- 미니 스탬프를 통한 추가 적립도 가능합니다.
- 항공권 예약 시 탑승 고객의 홈페이지 회원정보상의 이름과 전화번호를 기재하셔야 적립이 가능합니다.
- 스탬프 이용 관련한 자세한 사항은 고객센터 메뉴의 FAQ를 참조해주시기 바랍니다.

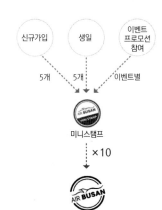

◎ 미니스탬프 안내
- 가입 축하: 회원가입 시 미니스탬프 5개 적립(2014년 1월 1일 이후 가입회원 대상)
- 생일 축하: 회원정보상 생일에 미니스탬프 5개 적립
- 각종 이벤트 및 프로모션 참여 시 별도 스탬프 제공

◎ 미니스탬프 적립기준
- 10개의 미니스탬프는 1개의 일반스탬프로 전환이 가능합니다.
- 미니스탬프를 10개 이상 적립 시 [나의 스탬프 조회] 메뉴에서 별도의 절차를 통해 전환이 가능합니다.
- 미니스탬프의 유효기간은 적립일로부터 6개월이며, 미니스탬프로 전환한 일반스탬프는 전환일로부터 1년입니다.

◎ 미니스탬프 규정
- 미니스탬프는 양도되지 않습니다.
- 전환하여 생성된 일반스탬프는 다시 미니스탬프로 바꿀 수 없습니다.

그림 2.9 에어부산 FLY&STAMP

출처: https://www.airbusan.com/content/common/service/flynstamp

---

4 South West Airlines: Rapid Rewards

항공사 최초로 마일리지 기반이 아닌 여정trip 기준 무료 항공권을 제공하는 방식을 채택하였으며, 커피 쿠폰 식의 적립 방식으로 무료 항공권을 제공하였다.

2011년 3월, 항공권 금액을 기준으로 하는 방식으로 변경하면서, No Black out day, No seat Restriction, No Expiring Dates등으로 기존 항공사들의 마일리지 프로그램과 차별화 시켰다.

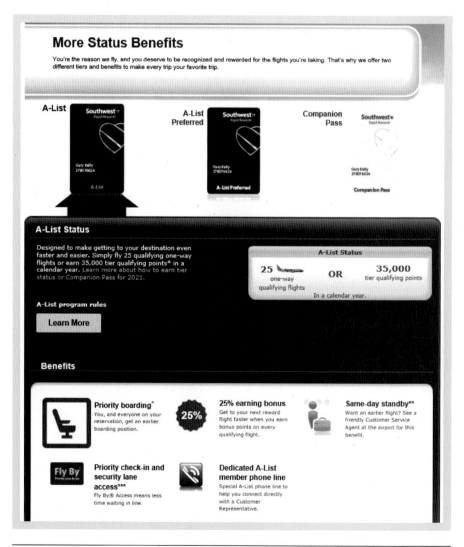

그림 2.10 South West Airlines Rapid Rewards

04 항공 동맹체 마일리지 프로그램 Alliances and Frequent Flyer Programs

각 항공 동맹체에 속해 있는 항공사들은 각 사의 독자적인 마일리지 프로그램을 유지한다. 일반적으로 항공사 마일리지 프로그램의 멤버인 승객들은 항공 동맹체 파트너 항공사가 운항하는 항공편을 이용할 경우 마일리지 포인트를 적립할 수 있게 된다. 단, 파트너 항공사 한군데에만 포인트 적립과 사용이 가능하므로, 승객이 자주 사용하는 항공사의 프로그램에 회원으로 등록하는 것이 유리하다. 항공사 동맹체 내의 모든 항공사에 등록할 필요는 없으며, 각 동맹체 별로 한 개의 항공사에 회원 등록 만으로도 동맹체 내의 파트너 항공사의 프로그램 혜택을 즐길 수 있다.

각 항공 동맹체는 각각의 고유한 멤버십 레벨을 적용하며, 예약 시 마일리지 번호를 입력하게 되며 예약 시스템은 독자적인 항공사 마일리지 번호를 식별하여 멤버십 레벨을 표시하게 된다. 이는 멤버에게 적용되는 혜택과 서비스 등을 승인하는데 주요 정보가 되며, 이로 인해 항공 동맹체의 마일리지를 새롭게 중복하여 등록할 필요가 없는 것이다.

각 항공 동맹체는 아래와 같이 FFP 레벨을 구분하고 있다.

표 2.5 항공 동맹체 별 멤버십 레벨

One World		Star Alliance		Sky Team	
Status Level 1	Ruby	Status Level 1	Silver	Status Level 1	Elite
Status Level 2	Sapphire	Status Level 2	Gold	Status Level 2	Elite Plus
Status Level 3	Emerald				

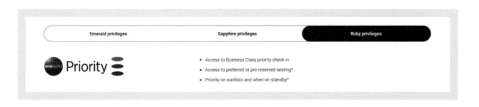

그림 2.11   One World 등급별 혜택

출처: www.oneworld.com

표 2.6 GDS 시스템 내의 마일리지 표기

이름	1. KIM/KYUNGHAE MS
마일리지 번호 입력	2. *SSR FQTV YY HK/ OZ234523456/SLVR

승객의 마일리지 카드는 마일리지 번호와 항공 동맹체 내에서의 레벨을 동시에 표기한다.

승객은 항공 동맹체의 멤버가 되기 위해서는 특정 항공사의 마일리지 프로그램에 회원 가입을 하여야 하며, 항공사 마일리지 프로그램의 Basic 레벨은 항공 동맹체의 레벨에 적용 되는 단계가 없으므로, 처음 마일리지 가입을 한 승객들은 항공 동맹체 프로그램의 혜택을 누리기 위해 시간이 걸릴 수 있다.

 Key Learning Point

항공 동맹체의 마일리지 프로그램은 항공사 마일리지 프로그램과 동일한 혜택을 제공하는 단계별 프로그램이며, 마일리지 차감이나 무료 항공권 사용 확인 등은 항공 동맹체의 마일리지 프로그램을 통하여 확인이 불가하다.

 05 서비스 클래스 Cabin Class

승객은 다양한 수준의 서비스와 운임의 제공 조건에 따라 항공권 금액을 지불하게 된다. 기본적으로 비싼 운임을 구입할수록 더 다양한 서비스를 즐길 수 있을 것이다. 서비스 클래스의 종류는 가장 비싸고 탄력적인 클래스부터 가장 저렴하고 제한 조건이 많은 클래스로 구분 되며, 크게 First Class일등석, Business Class비즈니스석, Economy Class일반석로 나누어 볼 수 있다.

비즈니스석과 일반석의 중간인 프리미엄 이코노미석은 일부 항공사에서 도입하고 있으며, 특히 장거리 여정에 제공하여, 일반석보다 넓은 좌석으로 장거리 여행객의 편의를 도모하고 있다.

First Class

가장 최상의 서비스 클래스로 Premier Class라고도 불린다. 일등석 항공권을 구매할 경우에 승객은 예약 날짜와 여정 변경 등이 수수료 부과 없이 자유롭게 가능하다. 일등석 승객은 추가적으로 출발 전, 혹은 기내 안, 도착 후 다양한 서비스와 시설들을 즐길 수 있는 혜택을 제공 받는다.

일등석 항공권의 운임 조건은 매우 탄력적이므로, 예약되어 있는 날짜에 여행을 하지 않고 재 예약이나 여정 변경, 취소할 경우에도 수수료 적용 부담이 없이 자유롭게 가능하다.

Business Class

비즈니스 클래스는 두번째로 비싼 서비스 클래스이다. 일등석과 비슷한 형태를 갖추나 일등석만큼 럭셔리한 수준의 서비스가 제공되지는 않는다. 항공사는 국제선 노선이라 할지라도 수익 분석을 통해 일등석을 운항하지 않고 비즈니스 클래스만 운항하기도 한다. 또한, 일등석처럼 여정 변경이나 환불 등에 유연하여 수수료없이

그림 2.12 루프트한자 독일 항공 비즈니스 석 기내식

진행이 가능하다. 비즈니스 클래스는 항공사 입장에서 수익이 많이 창출되는 서비스 클래스 이기 때문에 항공사는 특가 운임이나 프로모션 등을 통하여 판매를 촉진하고자 노력한다.

일등석과 비즈니스석 승객을 새롭게 유치하고 기존 고객들을 유지하기 위해 항공사는 끊임없이 다양한 방식으로 승객들의 구매를 유도하고자 한다.

🛍 Economy Class

항공사의 수익 창출은 일등석과 비즈니스 석 이외에 일반석에서도 많이 이루어진다. 항공사와 여행사는 운임이 저렴하고 구매 후 환불이 제한적인, 제약조건이 많은 항공권 판매에도 중점을 두어야 한다. 항공기의 대부분은 일반석으로 이루어 져 있고, 국제선의 경우 일반석 판매 좌석수가 200-300석, 혹은 그 이상인 경우도 있다. 일반석 운임은 제한 조건에 따라 매우 다양하게 제공된다. 일반석 운임 중 환불 수수료 없이 환불이 가능하기도 하고, 저렴한 운임 일수록 환불이나 예약 변경이 불가한 경우도 있다. 이러한 항공 운임 조건은 사전에 항공권을 구매한 승객들의 예기치 못한 변경 등으로 인해 발생할 수 있는 항공사의 수익 감소에 대비하기 위함이다. 일반석 내의 다양한 항공 운임 가격에 따라 제공되는 서비스는 모두 동일하다.

그림 2.13
핀에어 일반석 기내식

그림 2.14
아시아나항공 일반석 기내식

Premium Economy Class

프리미엄 이코노미는 중장거리 여행을 하는 승객들의 요구가 늘어나면서 합리적인 가격으로 좀 더 편안한 좌석을 이용할 수 있게 만든 비즈니스와 이코노미의 중간 클래스라고 볼 수 있다. 많은 항공사들이 조금씩 다른 서비스와 이름으로 제공하고 있는데, 기본적으로 좌석 간격이 일반석에 비해 넓으며 기내식이나 기내 용품 등 차별화 된 서비스들이 있다.

아시아나항공

아시아나항공의 스마티움 좌석은 기존 일반석 보다 넓은 좌석으로 A350 항공기에서 제공한다.

그림 2.15
아시아나항공의
이코노미 스마티움 좌석

출처: https://flyasiana.com/

✈ 루프트한자 ^{독일항공}

루프트한자의 프리미엄 이코노미 클래스는 좌석 넓이 뿐 아니라 기내 서비스도 이코노미석과 차별화 되어있다.

✈ 싱가폴 항공

싱가폴항공의 프리미엄 이코노미석은 에어버스 A380, 에어버스 A350, 보잉 777-300ER 기종에서 다양하게 제공되며, 항공 예약 시 기내식의 메인 코스를 출발 24시간 전까지 예약하거나 기내에서 3가지 기내식 메뉴 중에서 직접 선택할 수 있는

그림 2.16
루프트한자의
프리미엄 이코노미 좌석 및 서비스

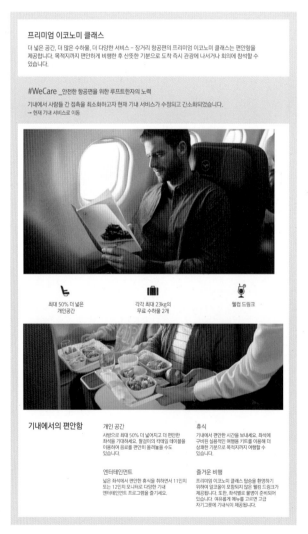

프리미엄 이코노미 클래스
더 넓은 공간, 더 많은 수하물, 더 다양한 서비스 - 장거리 항공편의 프리미엄 이코노미 클래스는 편안함을 제공합니다. 목적지까지 편안하게 비행한 후 산뜻한 기분으로 도착 즉시 관광에 나서거나 회의에 참석할 수 있습니다.

#WeCare _안전한 항공편을 위한 루프트한자의 노력
기내에서 사람들 간 접촉을 최소화하고자 현재 기내 서비스가 수정되고 간소화되었습니다.
→ 현재 기내 서비스로 이동

최대 50% 더 넓은
개인공간

각각 최대 23kg의
무료 수하물 2개

웰컴 드링크

기내에서의 편안함

개인 공간
사방으로 최대 50% 더 넓어지고 더 편안한 좌석을 기대하세요. 팔걸이 트레이블을 이용하여 음료를 편안히 올려놓을 수도 있습니다.

엔터테인먼트
넓은 좌석에 편안한 휴식을 취하면서 11인치 또는 12인치 모니터로 다양한 기내 엔터테인먼트 프로그램을 즐기세요.

휴식
기내에서 편안한 시간을 보내세요. 좌석에 구비된 실용적인 여행용 키트를 이용해 더 상쾌한 기분으로 목적지까지 여행할 수 있습니다.

즐거운 비행
프리미엄 이코노미 클래스 탑승을 환영하기 위하여 알코올이 포함되지 않은 웰컴 드링크가 제공됩니다. 또한, 좌석별로 물병이 준비되어 있습니다. 여유롭게 메뉴를 고르면 고급 자기그릇에 기내식이 제공됩니다.

출처: https://www.lufthansa.com/

프리미엄 이코노미 클래스

차원이 다른 좌석을 경험하세요

여유로운 공간의 2-4-2 좌석 배열의 싱가포르항공 프리미엄 이코노미 클래스에는 좌석 간격을 38인치(96.52cm), 좌석 폭을 19.5인치(49.5cm)로 늘려 더욱 편안한 여행을 위한 충분한 공간을 확보하였습니다. 수상 경력을 자랑하는 서비스를 통해 다양한 선택과 전용 혜택을 누리십시오. 편안히 앉아 느긋하게 비행을 즐기시는 동안 미소가 절로 나오실 겁니다.

여유로운 공간

고급 가죽 덮개가 씌워진 좌석에는 다리 지지대와 발 받침이 설치되어 있습니다. 편안한 취침을 위해서 좌석을 기울이고(최대 8인치, 20cm까지), 팔다리를 쭉 뻗으시며 38인치(96.5cm)의 여유로운 좌석을 즐기실 수 있습니다.

편의 설비

2개의 전용 USB 포트, 조절 가능한 독서등, 전자기기 충전을 위한 전원 공급장치가 설비되어 있습니다.

수납 공간

물병, 노트북 컴퓨터, 헤드폰 및 기타 개인 소지품 등 필요한 것은 모두 전용 수납 공간에 보관하실 수 있습니다.

그림 2.17
싱가폴항공의
프리미엄 이코노미 좌석 및 서비스

출처: https://www.singaporeair.com/

북 더 쿡Book the Cook, 터치 스크린으로 작동하는 기내 엔터테인먼트 서비스크리스월드-KrisWorld, 체크인 및 탑승과 수하물의 우선 처리 서비스 등이 일반석과 차별화 되어 제공된다.

델타항공

델타항공의 프리미엄 셀렉트 항공기는 높이를 조절할 수 있는 발 받침대 및 다리 받침대가 있고 좌석 공간과 좌석 간격이 더 넓으며, 스타벅스 커피 또는 와인만 21세 이상 승객 한정 한 잔 등 이 제공되는 시그니처 서비스가 있다.

Key Learning Point

대부분의 항공 좌석은 일반석으로 이루어져 있고, 여러 다양한 운임 체계를 통하여 판매된다. 이러한 운임의 차이는 승객들이 예상치 않은 여정 변경이나 환불 요청을 해야 할 경우 적용되는 수수료나 제약 조건 등에 영향을 미치며, 항공 운임이 저렴할 수록 적용되는 제약 조건과 수수료가 더 많이 부과되게 된다.

그림 2.18
델타항공의
프리미엄 셀렉트 좌석 및 서비스

델타 프리미엄 셀렉트

일부 국제선 항공편의 최고의 객실

일부 국제선 노선에서 새롭게 제공되는 최고의 델타항공 객실인 델타 프리미엄 셀렉트를 만나 보세요. 일부 와이드바디 항공기*의 더 넓고 더 많이 기울어지며 조절 간편한 발 받침대와 다리 받침대가 있는 좌석에서 몸을 쭉 펴고 휴식을 취할 수 있습니다. 또한 식기에 담아 기내식이 나오는 델타 프리미엄 셀렉트로 여행하실 때마다 수준 높은 여행 서비스를 이용하시며 편안하게 비행할 수 있습니다.

* 현재 이미지는 와이드바디 객실 환경으로, 좌석 구성이 항공기 기종 및 크기에 따라 다를 수 있음. 발 및 다리 받침대, 13.3인치 기내 엔터테인먼트 스크린, LSTN 헤드폰은 757-200 항공기에서 이용할 수 없음. 일부 노선 757-200 항공기의 델타 프리미엄 셀렉트에서는 최대 11인치의 좌석 위 스크린과 빌보드 이어폰이 제공됩니다.

출처: https://ko.delta.com/

---

06 예약 클래스 코드 Booking Class Code

항공사는 Cabin Class를 온라인 상 타임 테이블이나 스케줄 표 책자에 표기를 하게 되며, GDS, CRS와 같은 예약 시스템은 Cabin Class를 Booking Class Code 로 구분하여 표기하게 된다. 일등석, 비즈니스 석, 일반석과 같은 Cabin Class는 서비스 클래스에 따라 제공되는 서비스의 질과 기내 용품이 다르다. 승객이 선택한 클래스와 운임을 올바르게 선택하여 예약하기 위해서 예약 직원은 올바른 Booking Class Code를 선택하여야 한다. 항공편이 제공하는 Cabin Class가 3종류로 이루어져 있지만, 각각의 Cabin Class에는 다양한 Booking Class가 존재하며, 이러한 다양한 Booking Class Code를 통하여 다양한 항공 운임이 적용되게 된다. 그러므로, 항공 예약 직원은 승객의 요구와 여행 조건에 맞는 운임과 클래스를 선택하기 위해 예약 시스템에 표기되어 있는 Booking Class Code를 이해하고 판독할 수 있도록 해야한다.

표 2.7   GDS 시스템 내의 Booking class code

Booking Class Code	Class Application	탑승 클래스
P	First Class Premium	일등석
F	First Class	
A	First Class discounted	
J	Business Class Premium	비즈니스 석
C	Business Class	
D	Business Class Discounted	
I	Business Class Discounted	
Z	Business Class Discounted	
W	Economy Premium	일반석
S	Economy	
Y	Economy	
B	Economy Discounted	
H	Economy Discounted	
K	Economy Discounted	
L	Economy Discounted	
M	Economy Discounted	
Q	Economy Discounted	
T	Economy Discounted	
V	Economy Discounted	
X	Economy Discounted	

위 표를 통해서 각각의 Cabin Class에 여러가지 Booking Class Code가 있음을 확인할 수 있으며, 대표적인 Cabin Class별 Booking Class Code는 F, C, Y 가 일반적으로 사용된다. 항공사는 Premium Class를 적용하는 요금을 제공할 경우 더 넓은 좌석이나 더 편리한 서비스를 제공하기도 하는데 이 경우 일반 동일한 클래스에 비교하여 요금을 Surcharge형식으로 추가 징수 하기도 한다.

Booking Class Code는 각 항공사가 결정하는 항공 운임에 따라 구분되며, 각코드는 정상 운임에서의 할인 적용의 수준을 반영하게 된다. 예를 들어, 항공사가

30%할인 적용에 B class를 사용하거나, 40% 할인 적용에 H class, 50% 할인 운임에 K 코드를 사용하거나 하는 방식이다.

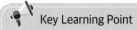

Key Learning Point

각 서비스 클래스마다 다양한 Booking Class Code가 존재하며, 동일한 클래스 내에서도 운임의 종류와 할인 폭에 따라 다양한 Booking Class Code가 사용된다.

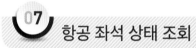

07 항공 좌석 상태 조회

항공 좌석 예약 시 선택된 서비스 클래스 중 승객의 여정 조건에 맞는 예약 클래스를 선택하는 것이 무엇보다도 중요하다. 승객의 여정은 항공권 발행 후 여정 변경이 발생할 수 있는지의 여부에 따라 제약 조건이 많거나 적은 운임을 적용할 수 있으며, 이에 따라 항공 운임은 비싸게, 혹은 저렴하게 책정될 수 있다. 항공 예약 시스템GDS은 항공사의 운임 조건에 따른 Booking class를 구별하여 할당된 좌석 수를 개방하며, 예약 담당 직원은 항공 예약 시 승객의 조건에 맞는 booking class를 예약하게 된다.

항공사에서 제공하는 항공 좌석 수의 표기는 최대 9석으로 표기 된다.

잔여 좌석이 9석 미만일 경우 실제 좌석 수가 표기 되며, 잔여 좌석이 9석 이상일 경우, 9로 표기 되므로 좌석 수 옆의 9 숫자는 실제 좌석 수 일수도 있지만, 그 이상의 좌석 수가 남아 있음을 의미하기도 한다.

항공 예약 시 잔여 좌석 수 보다 예약 좌석 수가 적을 경우 좌석이 확약 되며, 예약하고자 하는 승객 수보다 좌석 수가 적을 경우는 예약이 대기 상태로 입력된다.

항공사에서 사용하는 항공 좌석 상태 코드는 아래와 같다.

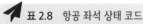 표 2.8 항공 좌석 상태 코드

상태 코드	설명
KK	좌석 요청 후 판매 허용 됨
KL	대기 상태의 좌석이 판매 가능한 상태로 변동
HK	좌석 확약 상태
RR	확약 된 좌석의 재 확약 상태
HL	좌석 대기 상태
UU	대기 요청 상태
UC	좌석 불가 상태

```
AN10DECICNBKK/AKE
** AMADEUS AVAILABILITY - AN ** BKK BANGKOK.TH          79 TH 10DEC 0000
 1   KE 657  P1 A1 J9 C9 D6 I3 RL /ICN 2 BKK    0915   1315  E0/77W      6:00
             Z9 Y9 B9 M9 S9 H9 E9 K9 L9 U9 QL NL TL GL
 2   KE 651  P9 A4 J9 C9 D9 I9 R1 /ICN 2 BKK    1720   2130  E0/388      6:10
             Z9 Y9 B9 M9 S9 H9 E9 K9 L9 U9 Q9 NL TL GL
 3   KE 653  P6 A5 J9 C9 D4 I1 RL /ICN 2 BKK    1905   2320  E0/77W      6:15
             Z9 Y9 B9 M9 S9 H9 E9 K9 L9 U9 Q9 NL TL GL
 4   KE 659  P8 A3 J9 C9 D9 I9 R9 /ICN 2 BKK    2010   0020+1E0/77W      6:10
             Z9 Y9 B9 M9 S9 H9 E9 K9 L9 U9 Q9 N9 TL GL
```

그림 2.19 Altea system 잔여 좌석 확인 화면

```
>A10DECICNBKK@KE
 -10DEC+ THU    ICN/Z#9     BKK/-2
KE RESPONSE ** DIRECT CONNECT PARTICIPANT **
** KOREAN AIR - AN **                    57 TH 10DEC 0000
13KE     657 J9 C9 D9 I5 RL Z9 Y9 B9 M9 ICNBKK    0915 1315  77W 0
             S9 H9 E9 KL LL UL
14KE     651 JL CL DL IL RL ZL YL BL ML ICNBKK    1720 2130  388 0
             SL HL EL KL LL UL
15KE     653 J9 C9 D9 I5 RL Z9 Y9 B9 M9 ICNBKK    1905 2320  77W 0
             S9 H9 E9 KL LL UL
16KE     659 J9 C9 D9 I3 RL Z9 Y9 B9 M9 ICNBKK    2010 0020#1 77W 0
             S9 H9 E9 KL LL UL
17KE     621 JL CL DL IL RL ZL YL BL ML ICNMNL    0745 1100  773 0
             SL HL EL KL LL UL
18TG     621 C9 D9 J9 Z9 Y9 B9 M9 H9 Q9    BKK    1310 1545  773 0
             T9 K9 S9
19KE     621 JL CL DL IL RL ZL YL BL ML ICNMNL    0745 1100  773 0
             SL HL EL KL LL UL
20PR     736 J9 C9 D9 I9 Z9 Y9 S9 L9 M9    BKK    1500 1745  321 0
             H9 Q9 V9 B9 X9 K9 EL TL
21KE     647 JL CL DL IL RL ZL YL BL ML ICNSIN    2310 0500#1 333 0
             SL HL EL KL LL UL
22TG     402 C9 D9 J9 Z9 Y9 B9 M9 H9 Q9    BKK #1 0815 0935  773 0
             T9 K9 S9
>
```

그림 2.20 Sabre system 잔여 좌석 확인 화면

모든 상업용 여객기는 Seat Configuration이라고 하는 좌석 배치도를 제공한다. 항공기가 3가지 서비스 종류를 제공할 경우 항공기의 좌석 배치도는 3가지 다른 형태로 구분된다. 항공기 좌석은 열을 숫자로 표기하고 좌석을 알파벳으로 표기하며, 예를 들어 좌석 번호 5B는 5열에 위치하며 동일 열의 A좌석 옆에 위치함을 표기 하기로 한다.

📠 Rows

아래 항공기 내부 이미지는 보잉747 기종 타입이며, 2층으로 구성된 Wide-body 형태이다. 아래층을 Lower Deck, 혹은 Main Deck이라 하고, 위층을 Upper Deck이라고 한다.

좌석 배치도 내의 숫자를 통해서 좌석의 열을 확인 할 수 있으며, 열에 따른 Cabin Class가 구분되어 있는 것을 확인할 수 있다. 예를 들어, 1~5번까지는 제일 앞쪽에 위치하는 일등석 좌석이며, 총 5열의 구조로 되어 있음을 확인할 수 있다. 좌석 배치는 일등석->비즈니스 석->일반석의 순으로 열 구조가 형성되며, Cabin Class마다 좌석 구분을 위해 화장실이나 커튼 등으로 compartment가 구분되어 있다.

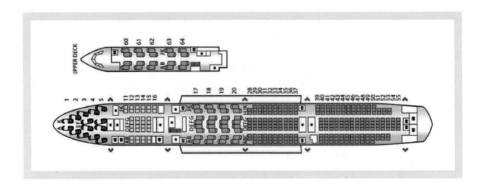

그림 2.21 기내 좌석 배치도

그림 2.22
A380기종의 Upper deck과
Main deck

출처: www.airbus.com

보잉747기의 경우 upper deck이 존재하며, 좌석 배치도를 통해 60~64번열 좌석이 2-2배열로 배치되어 있음을 그림 2.21을 통해 확인할 수 있다.

Aisles

통로가 하나인 기종을 Narrow Body라고 하며, 통로가 두 개인 기종을 Wide Body 기종이라고 한다. Narrow Body 기종의 경우 주로 국내선 운항이 일반적이며, 운항 가능 시간도 짧은 편이다.

그림 2.23
Narrow Body 기내 (1개의 복도)

그림 2.24
Wide Body 기내 (Aisle Seat)

그림 2.25
Galley

🧳 Galley

Galley는 기내 안의 작은 부엌이라고 할 수 있다. 갤리를 책임지는 기내 승무원은 승객들에게 제공할 음식과 음료를 준비한다.

항공사들은 승객 서비스와 마케팅 차원으로 유명 Chef들을 기내 안에 탑승시켜 기내식을 차별화 시키는 서비스 방식을 프리미엄 클래스 승객에게 제공하기도 한다.

그림 2.26
터키항공 기내 Flying chef Service

출처: www.turkishairlines.com

Lavatory

기내 안의 화장실은 남자, 여자가 동일한 공간을 사용하게 되어 있다. 각 Cabin Class내에 최소 1개 이상의 화장실이 있으며, 비즈니스 클래스 승객은 비즈니스 클래스 섹션 내에 있는 화장실을 사용할 수 있다. 승객들은 좌석 지정 시 화장실을 이용하는 다른 승객들에게 방해 받지 않기 위해서 화장실과 떨어진 좌석을 선호하기도 한다.

Exit Doors

비상구는 항공기 양쪽 편에 위치하며, Upper Deck이 있는 2층구조의 항공기의 경우 Main Deck 양쪽에 위치하게 된다. 최소 각 양 측면에 한 개 이상이 위치하며, 좌석이 비상구 옆이나 뒤에 위치하기도 한다.

| Window seat | Aisle seats | Center seat on the left |

그림 2.27 좌석의 위치에 따른 구분

Seats

비즈니스석과 일등석 좌석은 일반석 좌석에 비해 더 넓고, 더 편안하다. 특히, 장거리 구간일 경우 비즈니스석과 일등석 좌석은 180도로 누워서 갈 수 있거나, 침대 형태로 변경 할 수 있도록 설계가 되어 있다. 좌석 배치도에서 일등석은 항상 항공기의 맨 앞부분에 위치하거나 혹은 분리되어 Upper Deck, 즉 2층에 위치하고 있다. 기내 좌석의 타입은 제공되는 서비스에 따라 3가지 유형일등석, 비즈니스 석, 일반석으로 구분되며, 좌석의 유형과 사이즈는 승객이 예약한 클래스에 따라 결정된다.

좌석의 위치는 Window창가, Center중간, Aisle복도로 구분된다.

Seat Assignment

좌석 지정 요청은 항공사나 여행사를 통해, 혹은 항공사 홈페이지를 통해 출발 전에 지정이 가능하다. 수속 시 좌석 지정을 할 경우 수속을 먼저 한 승객의 요청이 먼저 반영되며, 출발 전 Booking Class code에 따라 좌석 지정이 가능 하거나 불가능하거나, 혹은 가능하지만 수수료가 부가되는 다양한 방식으로 좌석 지정을 할 수 있다. 항공사와 여행사는 승객이 예약을 진행할 때에 항공 좌석 배치도를 GDS를 통해 확인하여 지정 가능하며, GDS 예약 시스템은 실시간으로 다른 승객이 이미 지정한 좌석을 표기하여 이중으로 지정이 되지 않도록 한다.

좌석을 미리 요청하기 위해서는 좌석의 열과 위치를 구체화하여 지정하여야 한다.

좌석 번호를 통하여 승객의 Cabin Class와 창가, 통로의 구분, 몇 번째 열인지를 확인하게 된다. 승객이 원하는 좌석이 GDS에서 지정 불가할 경우 항공사와 확인하여 불가 사유나 가능한 방법 등에 대해 요청할 수 도 있고, Special Service Request_SSR_사항을 통하여 GDS에 창가나 복도 등 승객의 선호 좌석을 요청할 수 있다.

항공 좌석 배치도는 각 항공사의 웹사이트에서 확인이 가능하며, GDS를 통해서 확인, 예약이 가능하다.

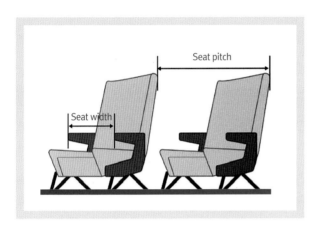

그림 2.28
좌석 넓이와 거리 기준에 대한 정의

Seat Width
: 좌석의 넓이(팔걸이 간의 거리)
Seat Pitch
: 앞 좌석과의 거리(각 열 간의 거리)

표 2.9 좌석 번호 표기 방식

Seat Number	Seat Description
8A	Window seat
8B	Center seat
8C	Aisle seat
8D	Aisle seat
8E	Center seat
8F	Center seat
8G	Aisle seat
8H	Aisle seat
8J	Center seat
8K	Window seat

여러 다양한 특별 승객의 종류가 있으며, 항공사는 특별 승객에 대한 차별화된 서비스를 제공한다.

소아 승객 Child Passenger

소아 승객은 성인과 동일하게 좌석을 배정 받으며, 성인을 동반하는 것이 일반적이다. 항공사들은 소아 승객에게 각 사 마다 다양하게 비행 중 즐길 거리와 소아 승객의 취향에 맞는 기내식을 별도로 준비한다.

소아 승객은 국제선 성인 운임의 75%에 해당하는 항공료를 지불하는 항공사가 일반적이며, 항공사나 여정에 따라, 혹은 국내선, 국제선 여정에 따라 50%를 징수하기도 한다.

대한항공, 아시아나항공과 같은 국적기는 한국 출발 항공기에 소아 승객에 대한 기내식을 다양하게 구성하여 제공한다.

항공사에서 사용하는 소아식의 코드는 CHML, 즉 Child Meal의 코드를 통하여 요청되나 국적기의 경우 CHML 코드에 추가적으로 스파게티, 불고기, 피자 등 제공되는 메뉴를 선택 할 수 있는 서비스를 추가로 제공하기도 한다.

그림 2.29
아시아나항공 소아 승객 서비스

```
RP/SELK13900/
 1.KIM/KYUNGHAE MS    2.CHOI/SEOU MISS(CHD/17JUN17)
 3  KE 657 C 14DEC 1 ICNBKK DK2  0915 1315  14DEC  E  0 77W M
    SEE RTSVC
 4 SSR CHLD KE HK1 17JUN17/P2
```

그림 2.30 GDS 시스템 내의 소아 승객 표기

항공사에서는 승객을 연령별 구분으로 아래와 같이 분류한다.

• Infants: 출발일 기준 만 2세 생일이 지나지 않은 승객

• Children: 출발일 기준 만 2세 생일이 지났으나 만 12세 생일이 지나지 않은 승객

• Adults: 출발일 기준 만 12세 생일이 지난 승객

모든 소아의 연령은 GDS 시스템을 통하여 탑승 항공편에 공지 되어야 하며, CHD라는 표준 코드를 사용하여 Service Request_SSR의 형태로 예약 사항 내에 저장되게 된다.

일부 항공사는 5세에서 11세 사이의 소아 승객이 성인 동반을 하지 않아도 혼자 여행할 수 있는 제도를 적용하기도 하는데 이를 "Unaccompanied Minor"라고 부른다. UM서비스에 대한 규정은 항공사마다 매우 다양하다. 일반적으로 출발지에서 목적지까지의 직항 항공편에 허용이 가능하며연결편이 있는 환승 승객일 경우 UM 서비스를 허용하지 않는다. 항공편 당 허용하는 UM 승객의 인원의 제한이 있으므로, 이 서비스를 이용하고자 하는 승객은 출발 전 예약 시 예약 담당 직원에게 UM

```
RP/SELK13900/
 1.CHOI/SEOU MS
 2  KE 657 C 01OCT 4 ICNBKK DK1  0930 1315  01OCT  E  0 77W M
    SEE RTSVC
 3 /SSR UMNR KE HN1 UM06/S2
```

그림 2.31 GDS 시스템 내의 UM서비스 코드 표기

승객에 대한 요청을 하여야 하며, 해당 항공사는 UM 서비스에 대한 진행 여부에 대해 확답을 하여야 한다. UM 승객에 대한 탑승 허가는 예약 사항 내에 Special Service Request SSR 사항에 “UMNR”이라는 4자리 코드를 통하여 표시된다.

UM승객은 탑승 항공사 수속 시 소아 승객을 보호, 안내할 법적 보호자를 동반하여야 하며, 작성된 UM서류를 항상 소지하고 있어야 한다. UM서비스 요청 시 소아 승객 이름, 보호자 이름과 서명, 목적지 공항에서 동반하게 될 보호자 이름, 연락처, 주소 등의 내용이 필요하다. 서비스 진행 중에는 항공사 지상직 직원과 승무원이 UM승객과 같이 이동하며, 기내에서는 승무원이 도착 전까지 UM승객을 책임지고 보호할 의무가 있다. 목적지 도착 후 지상직 담당 직원에게 UM승객이 인도되며,

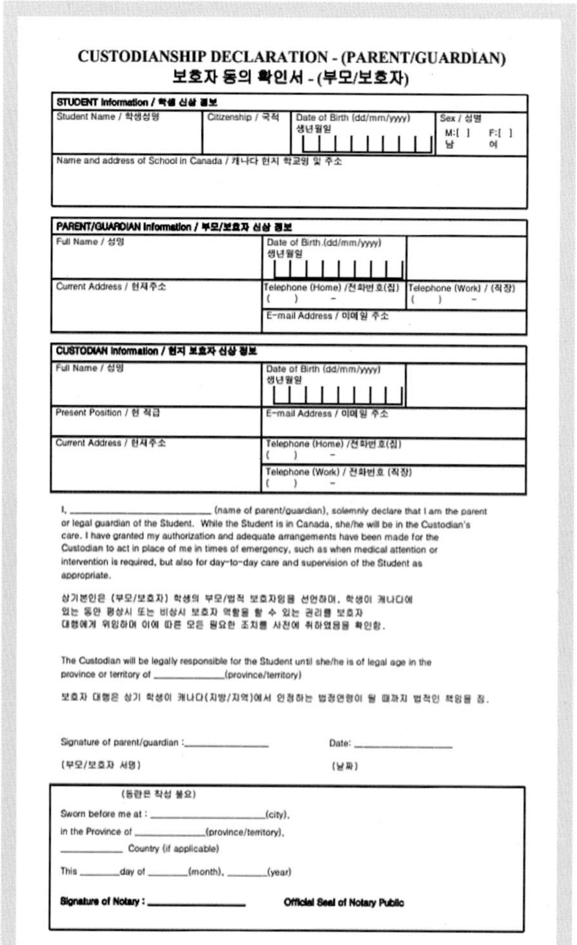

CUSTODIANSHIP DECLARATION - (PARENT/GUARDIAN)
보호자 동의 확인서 - (부모/보호자)

STUDENT Information / 학생 신상 정보			
Student Name / 학생성명	Citizenship / 국적	Date of Birth (dd/mm/yyyy) 생년월일	Sex / 성별 M:[ ] F:[ ] 남 여
Name and address of School in Canada / 캐나다 현지 학교명 및 주소			

PARENT/GUARDIAN Information / 부모/보호자 신상 정보		
Full Name / 성명	Date of Birth.(dd/mm/yyyy) 생년월일	
Current Address / 현재주소	Telephone (Home) /전화번호(집) ( ) -	Telephone (Work) / (직장) ( ) -
	E-mail Address / 이메일 주소	

CUSTODIAN Information / 현지 보호자 신상 정보		
Full Name / 성명	Date of Birth (dd/mm/yyyy) 생년월일	
Present Position / 현 직급	E-mail Address / 이메일 주소	
Current Address / 현재주소	Telephone (Home) /전화번호(집) ( ) -	
	Telephone (Work) / 전화번호 (직장) ( ) -	

I, ____________________ (name of parent/guardian), solemnly declare that I am the parent or legal guardian of the Student. While the Student is in Canada, she/he will be in the Custodian's care. I have granted my authorization and adequate arrangements have been made for the Custodian to act in place of me in times of emergency, such as when medical attention or intervention is required, but also for day-to-day care and supervision of the Student as appropriate.

상기본인은 (부모/보호자) 학생의 부모/법적 보호자임을 선언하며, 학생이 캐나다에 있는 동안 평상시 또는 비상시 보호자 역할을 할 수 있는 권리를 보호자 대행에게 위임하며 이에 따른 모든 필요한 조치를 사전에 취하였음을 확인함.

The Custodian will be legally responsible for the Student until she/he is of legal age in the province or territory of __________(province/territory)

보호자 대행은 상기 학생이 캐나다(지방/지역)에서 인정하는 법정연령이 될 때까지 법적인 책임을 짐.

Signature of parent/guardian :____________ Date: ______________

(부모/보호자 서명) (날짜)

(동란은 작성 불요)

Sworn before me at : __________________(city),

in the Province of __________(province/territory),

__________ Country (if applicable)

This ______day of ______(month), ______(year)

Signature of Notary : ______________ **Official Seal of Notary Public**

그림 2.32
대한항공 UM서류 양식

출처: www.koreanair.com

그림 2.33
임산부의 항공 여행

지상직 직원은 입국 심사대를 통해 보호자에게 UM승객을 인도할 때까지 보호의 책임을 지게 된다.

🧳 임산부 승객 Expectant Mother

임산부는 항공기를 통한 여행을 하기 전 의사의 진단이 요구된다. 항공사 마다 자체 규정이 다양하므로 임산부의 경우 의사 진단서를 요구하는 항공사도 있으나, 일반적으로 32주 미만 건강 상태가 양호할 경우 별도의 서류나 사전 요청없이 탑승이 가능하다.

임신기간에 대한 정보는 GDS 시스템에 Other Service Request OTHS 코드를 통하여 표시된다.

🧳 유아 승객 Infant/Babies

유아 승객은 출발일 기준 만 2세 생일이 지나지 않은, 성인을 동반한 좌석 비 점유 승객을 의미한다. 만약, 승객 당 2명의 유아가 동반할 경우, 유아 2명 중 1명은 좌석을 점유하는 소아 예약을 진행 하여야 하며, 소아 운임을 지불해야 한다. 또한, 유아 승객을 위한 아기 바구니 서비스가 제공되며, 아기 바구니 서비스 사용시 사전 예약을 통해 신청을 하여야 한다. 아기 바구니는 Special Service Code SSR를 사용하여 "BSCT" Baby Bassinet 코드로 요청하며, 기종에 따라 허용 개수가 제한되어 있으므로,

그림 2.34
가루다인도네시아항공
아기 바구니 서비스

사전 요청 후 항공사의 확약을 받아야만 제공 받을 수 있다.

아기 바구니 서비스는 항공기 이착륙 시에는 사용이 불가하며 안전벨트 사인이 꺼진 후 항공기가 안정 궤도에 오르게 되면 서비스 확약을 받은 승객에 한해서 제공이 가능하다. 일반적으로 7kg이상의 유아는 바구니 허용 무게가 있으므로 불가하며, 항공사마다 서비스 제공 규정에 따라 개월 수와 아기의 키, 몸무게 등에 대한 정보 입력 후 서비스 확약이 가능하다.

좌석 비 점유 유아 승객은 국제선 성인 운임의 10%에 해당하는 항공료를 지불하는 항공사가 일반적이며, 항공사나 여정에 따라, 혹은 국내선, 국제선 여정에 따라 항공 운임을 징수하지 않기도 한다.

유아 식사 또한 사전에 예약 가능하며 항공사마다 유아의 개월 수에 따라 다양한 유아식을 제공하기도 한다. 좌석 비 점유 유아 에게도 구명조끼와 좌석 벨트가 제공

```
RP/SELK13900/
 1.KIM/KYUNGHAE MS(INFCHOI/SEOU MISS/19DEC19)
 2  KE 657 C 01DEC 2 ICNBKK DK1   0915 1315   01DEC  E  O 77W M
    SEE RTSVC
 3 SSR INFT KE HK1 CHOI/SEOUMISS 19DEC19/S2
 4 SSR BSCT KE HN1/S2
```

그림 2.35   GDS 시스템 내의 유아 승객과 아기 바구니 표기

되며, 성인 승객의 벨트와 유아 벨트를 연결하여 장착하도록 되어 있다.

유아 승객의 개월 수와 생년월일은 항공 예약 시 반드시 필요하며, GDS 시스템을 통하여 탑승 항공사에 정보가 전달되고, 유아 승객을 표시하는 코드는 "INF"라고 표기 된다.

환자 수송^{Medical Passenger}

대부분의 항공사들은 의학적 치료가 필요한 승객을 수송하고 이동 시킬 수 있다. 그러나, 의학적 치료를 동반한 승객을 수송할 경우, 예약 사항 내에 SSR 지시어를 사용하여 "MEDA" 4자리 코드를 표기하며, 항공사 의료팀의 사전 요청과 탑승 승인을 받아야 한다. 의료적 치료가 필요한 승객은 Wheelchair, 혹은 Stretcher의 료용 침대가 필요한 경우가 대부분이며, 항공사 의료팀에서 환자의 건강 상태에 대해 정확히 판단할 수 있도록 탑승 전 MEDIF Medical Information Form 양식을 작성하여 항공사에 제출하여야 한다. 의학적 치료를 필요로 하는 승객에 대한 탑승 요청은 항공사 마다 자체 규정에 따라 상이하지만 일반적으로 출발 전 최소 48시간 전에 요청하여야 한다.

의료팀의 승인이 필요한 경우는 아래와 같다.
- 최근의 질병, 입원, 부상 또는 수술 결과로 승객의 건강 상태가 여행에 적합한지 의심되는 경우 및 비행 중 특별한 의료 지원 없이 안전하게 여행을 마칠 수 있을지 여부에 대한 합리적인 의심이 드는 경우.
- 승객에게 호흡곤란, 불안정협심증, 난치병 등의 지병이 있어 비행 중 특별한 의료 지원 없이 안전하게 여행을 마칠 수 있을지 여부에 대한 합리적인 의심이 드는 경우.
- 기내 산소 보조기가 필요한 승객
- 환자용 들것, 인큐베이터 등의 기내 의료 장비가 필요한 승객
- 기내에서 들것 Stretcher이 필요한 승객 항공 기종에 따른 Stretcher장착 가능 여부 확인

환자 수송 시 이용되는 Stretcher는 일반석 좌석 6석을 점유하여 장착이 되며, 이

그림 2.36 대한항공 기내 Stretcher 장착 방식

출처: www.skymedkorea.co.kr

때 Medical Passenger는 보호자와 의료진 각각 1명을 동반하여야 한다. 항공 좌석 예약 시 사전에 MEDIFMedical Information Form 작성을 통한 항공사 승인을 받아야 하며 예약 직원은 SSR 코드를 통한 MEDIF 내용을 PNR 예약 번호: Passenger Name Record상에 입력하여 탑승 허가를 위한 항공사 의료팀의 심사를 거쳐야 한다.

```
RP/BKKTG0117
 1.LASTNAME/FIRSTNAME MR (IDSTCR)
 2.TG 600 Y 20 JUL 3 BKKHKG HK1 0800 1140
 3.SSR STCR TG HN1/S2
 4.SSR MEDA TG HN LYING SICK/S2
. THE SYSTEM WILL AUTOMATICALLY CREATE AN SSR STCR ELEMENT FOR
  ONE PASSENGER ONLY.
. SSRMEDA ELEMENT IS ALSO NEEDED TO INDICATE LYING SICK.
. AFTER THE END OF TRANSACTION THE PNR WILL BE AUTOMATICALLY
  PLACED TO BKKHBTG FOR PROCESS OF THE AUTHORIZATION.
```

그림 2.37 Medical Passenger를 위한 GDS예약 방식

Stretcher 장착 시 지불되어야 하는 항공 운임은 일반석 운임의 6배와 보호자, 의료진 항공 운임이 추가로 지불되어야 하므로 승객 입장에서 비용의 부담이 매우 크다.

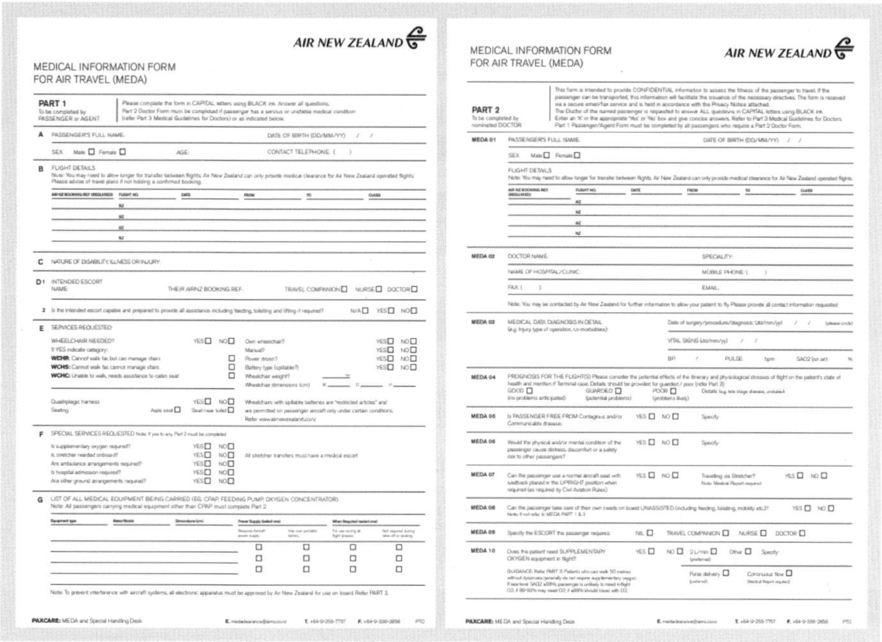

AIR NEW ZEALAND

MEDICAL INFORMATION FORM
FOR AIR TRAVEL (MEDA)

PART 1
To be completed by PASSENGER or AGENT

Please complete the form in CAPITAL letters using BLACK ink. Answer all questions.
Part 2 Doctor Form must be completed if passenger has a serious or unstable medical condition (refer Part 3 Medical Guidelines for Doctors) or as indicated below.

A PASSENGER'S FULL NAME: DATE OF BIRTH (DD/MM/YY) / /
SEX Male ☐ Female ☐ AGE: CONTACT TELEPHONE: ( )

B FLIGHT DETAILS
Note: You may need to allow longer for transfer between flights. Air New Zealand can only provide medical clearance for Air New Zealand operated flights. Please advise of travel plans if not holding a confirmed booking.

AIR NZ BOOKING REF (REQUIRED)	FLIGHT NO.	DATE	FROM	TO	CLASS
	NZ				
	NZ				
	NZ				
	NZ				

C NATURE OF DISABILITY, ILLNESS OR INJURY:

D1 INTENDED ESCORT
NAME: THEIR AIRNZ BOOKING REF: TRAVEL COMPANION ☐ NURSE ☐ DOCTOR ☐
2 Is the intended escort capable and prepared to provide all assistance including feeding, toileting and lifting if required? N/A ☐ YES ☐ NO ☐

E SERVICES REQUESTED:
WHEELCHAIR NEEDED? YES ☐ NO ☐
If YES indicate category:
WCHR: Cannot walk far, but can manage stairs ☐
WCHS: Cannot walk far, cannot manage stairs ☐
WCHC: Unable to walk, needs assistance to cabin seat ☐
Own wheelchair? YES ☐ NO ☐
Manual? YES ☐ NO ☐
Power driven? YES ☐ NO ☐
Battery type (spillable?) YES ☐ NO ☐
Wheelchair weight? ____
Wheelchair dimensions (cm) W ____ D ____ H ____
Quadriplegic harness YES ☐ NO ☐
Seating Aisle seat ☐ Seat near toilet ☐
Wheelchairs with spillable batteries are "restricted articles" and are permitted on passenger aircraft only under certain conditions. Refer www.airnewzealand.co.nz

F SPECIAL SERVICES REQUESTED Note: If yes to any, Part 2 must be completed
Is supplementary oxygen required? YES ☐ NO ☐
Is stretcher needed onboard? YES ☐ NO ☐ All stretcher transfers must have a medical escort
Are ambulance arrangements required? YES ☐ NO ☐
Is hospital admission required? YES ☐ NO ☐
Are other ground arrangements required? YES ☐ NO ☐

G LIST OF ALL MEDICAL EQUIPMENT BEING CARRIED (EG. CPAP, FEEDING PUMP, OXYGEN CONCENTRATOR)
Note: All passengers carrying medical equipment other than CPAP must complete Part 2.

Equipment type	Make/Model	Dimensions (cm)	Power Supply (select one): Requires Aircraft power supply	Power Supply (select one): Has own portable battery	When Required (select one): For use during all flight phases	When Required (select one): Not required during take-off or landing
			☐	☐	☐	☐
			☐	☐	☐	☐
			☐	☐	☐	☐

Note: To prevent interference with aircraft systems, all electronic apparatus must be approved by Air New Zealand for use on board. Refer PART 3.

PAXCARE: MEDA and Special Handling Desk E. medaclearance@airnz.co.nz T. +64-9-255-7757 F. +64-9-336-2856 PTO

MEDICAL INFORMATION FORM
FOR AIR TRAVEL (MEDA)

AIR NEW ZEALAND

PART 2
To be completed by nominated DOCTOR

This form is intended to provide CONFIDENTIAL information to assess the fitness of the passenger to travel. If the passenger can be transported, this information will facilitate the issuance of the necessary directives. The form is received via a secure email/fax service and is held in accordance with the Privacy Notice attached.
The Doctor of the named passenger is requested to answer ALL questions in CAPITAL letters using BLACK ink.
Enter an 'X' in the appropriate 'Yes' or 'No' box and give concise answers. Refer to Part 3 Medical Guidelines for Doctors.
Part 1 Passenger/Agent Form must be completed by all passengers who require a Part 2 Doctor Form.

MEDA 01 PASSENGER'S FULL NAME: DATE OF BIRTH (DD/MM/YY) / /
SEX Male ☐ Female ☐
FLIGHT DETAILS
Note: You may need to allow longer for transfer between flights. Air New Zealand can only provide medical clearance for Air New Zealand operated flights.

AIR NZ BOOKING REF (REQUIRED)	FLIGHT NO.	DATE	FROM	TO	CLASS
	NZ				
	NZ				
	NZ				
	NZ				

MEDA 02 DOCTOR NAME: SPECIALITY:
NAME OF HOSPITAL/CLINIC: MOBILE PHONE: ( )
FAX: ( ) EMAIL:
Note: You may be contacted by Air New Zealand for further information to allow your patient to fly. Please provide all contact information requested

MEDA 03 MEDICAL DATA DIAGNOSIS IN DETAIL
(e.g. Injury, type of operation, co-morbidities)
Date of surgery/procedure/diagnosis (dd/mm/yy) / / (please circle)
VITAL SIGNS (dd/mm/yy) / /
BP: / PULSE: bpm SAO2 (on air): %

MEDA 04 PROGNOSIS FOR THE FLIGHT(S) Please consider the potential effects of the itinerary and physiological stresses of flight on the patient's state of health and mention if Terminal case. Details should be provided for guarded / poor (refer Part 3)
GOOD ☐ (no problems anticipated) GUARDED ☐ (potential problems) POOR ☐ (problems likely) Details

MEDA 05 Is PASSENGER FREE FROM Contagious and/or Communicable disease: YES ☐ NO ☐ Specify:

MEDA 06 Would the physical and/or mental condition of the passenger cause distress, discomfort or a safety risk to other passengers? YES ☐ NO ☐ Specify:

MEDA 07 Can the passenger use a normal aircraft seat with seatback placed in the UPRIGHT position when required (as required by Civil Aviation Rules) YES ☐ NO ☐ Travelling via Stretcher? YES ☐ NO ☐
Note: Medical Report required

MEDA 08 Can the passenger take care of their own needs on board UNASSISTED (including feeding, toileting, mobility etc.)? YES ☐ NO ☐
Note: If not refer to MEDA PART 1 & 3

MEDA 09 Specify the ESCORT the passenger requires: NIL ☐ TRAVEL COMPANION ☐ NURSE ☐ DOCTOR ☐

MEDA 10 Does the patient need SUPPLEMENTARY OXYGEN equipment in flight? YES ☐ NO ☐ 2 L/min ☐ (preferred) Other ☐ Specify:
Pulse delivery ☐ (preferred) Continuous flow ☐ (Medical Report required)

PAXCARE: MEDA and Special Handling Desk E. medaclearance@airnz.co.nz T. +64-9-255-7757 F. +64-9-336-2856 PTO

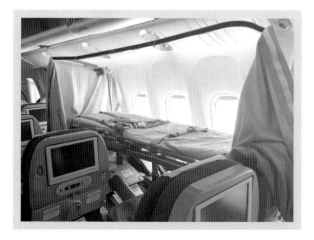

그림 2.38 Air New Zealand MEDIF 양식(Part1, Part2)

그림 2.39
대한항공 기내 Stretcher 장착 모습

출처: www.skymedkorea.co.kr

그림 2.40
대한항공 기내 Stretcher 장착 모습

출처: www.skymedkorea.co.kr

그림 2.41
대한항공 Stretcher 운송

출처: www.skymedkorea.co.kr

그림 2.42
아시아나항공 Stretcher 운송

출처: www.skymedkorea.co.kr

승객은 여정 중에 제공되는 기내식을 특별하게 요청할 수 있다.

대부분의 항공사들은 특별 기내식에 대한 표준 규정에 따라 승객의 안전과 편리성을 위하여 특별 기내식을 제공한다. 이러한 기내식들은 대부분이 의료 목적이거나, 종교적인 목적에 의해 요청된다.

Medical Reason

- DBML: Diabetic Meal
- LSML: Low Salt Meal

Cultural and Religious Reason

- VGML: Vegetarian Meal
- IVML: Indian Vegetarian Meal

표 2.10 특별 기내 서비스 종류

Code	Meal Category	Meal Type	Explanation
AVML	Religious/Cultural	Asian Vegetarian Meal	No Fish, shellfish, meat product
BBML	Passenger Type	Baby Meal	Milk and Baby food
CHML	Passenger Type	Child Meal	Fun food for Child
DBML	Medical Condition	Diabetic Meal	Excluding Sugar, manage the blood sugar
GFML	Allergy	Gluten free Meal	Allergic to wheat
HNML	Religious/Cultural	Hindu Meal	No Beef and Pork
KSML	Religious/Cultural	Kosher Meal	Prepared under the supervision of Jewish rabbi
MOML	Religious/Cultural	Muslim Meal	No Pork and Alcohol
LFML	Medical Condition	Low Fat Meal	High fiber ingredients
VGML	Religious/Cultural	Vegetarian Meal	No meat, fish, egg, dairy food
LCML	Medical Condition	Low Calorie Meal	Low in fat and sugar
BLML	Medical Condition	Bland Meal	No salt, pepper, garlic etc

특별 기내식은 여행사나 항공사 예약 직원이 승객을 대신해서 예약하며, 항공기 출발 48시간 이전에 요청 되어야 한다.

GDS 예약 시 SSR~Special Service Request~ 코드를 통하여 요청되며, 4자리 표준 코드로 기내식의 종류를 구분하여 예약한다. 항공사, 여행사 직원은 4자리 코드에 대한 전문 지식과 일반적으로 자주 요청되는 특별 기내식 코드에 대한 이해를 하여야 하며, 4자리 코드가 없는 특별 기내식의 경우 항공사 마다 다른 규정이 적용되기는 하나 특별 식재료의 알려지 등을 예약 사항에 표기하도록 하는 경우도 있다.

```
 1.KIM/KYUNGHAE MS(INFCHOI/MINJOON MSTR/08APR20)
 2.CHOI/SEOU MISS(CHD/08APR16)
 3  KE 657 C 01APR 4 ICNBKK DK2  0930 1315  01APR  E  0 77W M
    SEE RTSVC
 4  KE 660 C 15APR 4 BKKICN DK2  0950 1735  15APR  E  0 333 L
    SEE RTSVC
 5 SSR INFT KE HK1 CHOI/MINJOONMSTR 08APR20/S3/P1
 6 SSR INFT KE HK1 CHOI/MINJOONMSTR 08APR20/S4/P1
 7 SSR CHLD KE HK1 08APR16/P2
 8 SSR CHML KE HN1/S3/P2
 9 SSR CHML KE HN1/S4/P2
10 SSR BBML KE HK1/S3/P1
11 SSR BBML KE HK1/S4/P1
12 SSR FPML KE HK1/S3/P1
13 SSR FPML KE HK1/S4/P1
```

그림 2.43 GDS 시스템 내의 승객 별 특별 기내식 신청 표기

그림 2.44
대한항공 일등석 기내식

출처: www.koreanair.com

그림 2.45
대한항공 비즈니스석 기내식

출처: www.koreanair.com

그림 2.46
대한항공 일반석 기내식

출처: www.koreanair.com

그림 2.47
ANA항공 일반석 소아식

노약자, 혹은 신체적으로 이동이 어려운 승객들은 종종 수속 데스크부터 출발 게이트까지, 혹은 탑승 시 기내 좌석까지 휠체어의 도움을 요청하기도 한다. 항공사는 승객의 요청과 상태에 따라 다양한 휠체어 서비스를 제공할 수 있다. 승객의 좌석까지 휠체어 이동을 필요로 하는 승객은 2가지 타입의 휠체어가 필요하다. 먼저, 항공사 혹은 조업사 직원이 승객을 수속 데스크부터 탑승 게이트까지 이동 서비스를 제공하는 경우 사용하는 일반 수동 휠체어와 게이트에서 승객의 좌석까지 이동 서비스를 제공할 때 사용하는 폭이 좁은 기내용 휠체어가 필요하다. 승객은 예약 진행시 휠체어 서비스에 대한 요청을 하여야 하며, 예약 직원은 SSR_{Special Service Request} 지시어를 통하여 휠체어 신청을 하여야 한다.

    항공사에서 기본적으로 제공하는 수동 휠체어 서비스의 종류는 아래와 같이 3가지 유형으로 살펴볼 수 있다.

    승객은 자신의 휠체어를 사용하여 여행할 경우도 있다. 이럴 경우 휠체어는 수속 시 반드시 Checked Baggage로 보내야 하고, 수속 데스크부터 기내까지는 위

표 2.11 휠체어 요청 코드

SSR Code	승객 요청 사항
WCHR	• 수속데스크에서 탑승 게이트까지 제공 • 승객이 기내안에서의 이동과 기내까지의 계단 사용이 가능한 경우
WCHS	• 수속데스크에서 기내 입구까지 제공 • 승객이 이동은 불가하나 기내 입구 계단 사용과 기내안에서의 이동이 가능한 경우
WCHC	• 수속데스크에서 승객 좌석까지 제공 • 승객이 기내안에서의 이동이 불가한 경우

```
1.KIM/KYUNGHAE MS(INFCHOI/MINJOON MSTR/08APR20)
2.CHOI/SEOU MISS(CHD/08APR16)
3  KE 657 C 01APR 4 ICNBKK DK2  0930 1315  01APR  E  0 77W M
    SEE RTSVC
4  KE 660 C 15APR 4 BKKICN DK2  0950 1735  15APR  E  0 333 L
    SEE RTSVC
5 SSR INFT KE HK1 CHOI/MINJOONMSTR 08APR20/S3/P1
6 SSR INFT KE HK1 CHOI/MINJOONMSTR 08APR20/S4/P1
7 SSR CHLD KE HK1 08APR16/P2
8 SSR CHML KE HN1/S3/P2
9 SSR CHML KE HN1/S4/P2
10 SSR BBML KE HK1/S3/P1
11 SSR BBML KE HK1/S4/P1
12 SSR FPML KE HK1/S3/P1
13 SSR FPML KE HK1/S4/P1
14 SSR WCHR KE HK1/S3/P1
15 SSR WCHR KE HK1/S4/P1
```

그림 2.48 GDS 시스템 내의 휠체어 요청 표기 방식

Standard Wheelchair Service를 사전에 신청하여야 한다. 휠체어의 부피와 수하물 처리 시 주의를 요하며, 항공사가 승객의 휠체어를 탑재 시킬 공간과 서비스 직원을 지정하여야 하므로 사전 요청과 탑승 확약이 필요하다. 또한, 휠체어의 종류가 수동, 혹은 배터리가 탑재된 전자 휠체어 등 다양하므로 항공기 탑재 시 발생할 수 있는 위험성에 대해서도 대비해야 하므로 휠체어 종류에 따라 요청 코드를 다양하게 분류해 놓았다. 배터리가 내장되어 있는 휠체어의 경우 반드시 배터리를 분리하여 위탁 수하물로 보내야 한다.

표 2.12 SSR 표기를 통한 휠체어 요청 코드 분류

SSR Code	승객과 휠체어에 대한 정보
WCMP	· Request to check in a manually operated wheelchair
WCBD	· Request to check in a wheelchair with a dry cell battery(건식 배터리)
WCBW	· Request to check in a wheelchair with a wet cell battery(습식 배터리)
WCHC	· Request for a wheelchair to carry the passenger on and off the Aircraft
WCHR	· Request for a wheelchair to carry the passenger to the gate ramp and aircraft door
WCHS	· Request for a wheel chair to carry the passenger up and down aircraft steps
WCOB	· Request for an on-board wheelchair to carry the passenger to and from an seat

전동휠체어 및 전동스쿠터(장애인/노약자용, 캬레저용) 배터리 운송 규정 안내

종류	배터리 용량	비고

건식 배터리
습식 배터리
	제한 없음	·배터리 분리 가능 여부 확인 필요
		·예약 시 배터리 건식/습식 확인
		·습식의 경우 누출형/비누출형 정보 제공 요망
		  – 건식 배터리 종류: Ni-Mh, Ni-Cd 등
		  – 비누출형 배터리 종류: SLA, VRLA, AGM 등

리튬 배터리	·배터리 용량
	  – 1개 구동 시 300Wh 이하
	  – 2개 구동 시 개당 160Wh 이하
	  – 분리불가 일체형 제한없음
	·여분 배터리 허용량
	  – 300Wh 구동시 1개 가능
	  – 160Wh 구동시 2개 가능
		·배터리 용량 및 분리 가능 여부 확인 필요
		  – 분리된 리튬 배터리는 기내로만 반입 가능

그림 2.49   전동 Wheelchair 운송 규정

출처: 아시아나 항공 홈페이지

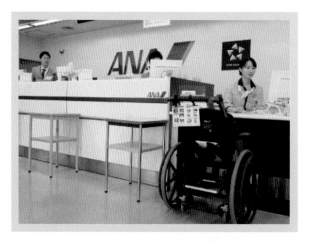

그림 2.50
ANA항공의 휠체어서비스

출처: https://www.ana.co.jp/

 Key Learning Point

    승객은 휠체어 서비스를 요청할 경우 출발 전 사전 요청을 해야하며, 자신의 휠체어를 사용할 경우에도 반드시 항공사에 서비스 요청을 해야한다. 항공사는 휠체어 승객에 대한 서비스 인력과 휠체어 탑재 공간을 확보하기 위한 준비를 해야하므로, SSR Code를 통해 사전 요청된 내용에 따라 인력 배치와 승객 이동 시 사용할 휠체어, 그리고 항공기내 화물칸의 탑재 공간을 확보하게 된다.

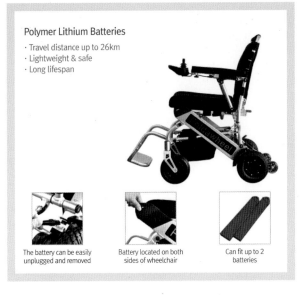

Polymer Lithium Batteries
· Travel distance up to 26km
· Lightweight & safe
· Long lifespan

The battery can be easily unplugged and removed

Battery located on both sides of wheelchair

Can fit up to 2 batteries

그림 2.51
리튬배터리 휠체어

출처: https://www.wheelchair88.
com/product/pw-999ul/

A. 항공사의 마일리지 프로그램은 멤버십 레벨에 따라 동일하게 적용된다.

ⓐ True

ⓑ False

B. 승객의 입장에서 항공 동맹체가 주는 이득은 무엇인가?

ⓐ 탑승 가능한 노선 증가

ⓑ 운항 비용 감소

ⓒ 항공 운임 감소

ⓓ 지상 조업과 승객 서비스 담당 등 직원 운용비 감소

C. Booking class code는 모든 항공사마다 동일한 운임 할인을 적용한다..

ⓐ True

ⓑ False

D. 좌석 번호 A열은 항상 창가 좌석이다.

ⓐ True

ⓑ False

E. 특별 기내식 신청 기한을 고르시오.

ⓐ 항공 예약 시

ⓑ 항공기 출발 24시간 전까지

ⓒ 항공기 출발 1주일 전까지

ⓓ 항공기 출발 48시간 전까지

F. 특별 기내식 중 의료적 요인으로 요청하는 기내식 코드를 고르시오..

ⓐ MOML

ⓑ CHML

ⓒ DBML

ⓓ VGML

G. 휠체어를 요청한 승객이 계단 이용과 좌석까지 이동이 가능할 때 사용하는 휠체어 서비스 요청 코드를 고르시오.

ⓐ WCHR

ⓑ WCHS

ⓒ WCHC

ⓓ WCMP

H. 만 _____ 세 이하 어린이 승객이 혼자 여행할 경우에는 Unaccompanied Minors 서비스를 신청할 수 있다.

ⓐ 14

ⓑ 16

ⓒ 12

ⓓ 13

Answer Key

A.ⓑ   B.ⓐ   C.ⓑ   D.ⓐ   E.ⓓ   F.ⓒ   G.ⓐ   H.ⓒ

Airline
Passenger
Service

Chapter

03

부가서비스
Ancillaries

Ancillaries란, 항공사에서 항공 좌석을 판매함으로써 발생하는 수익 이외에 추가적으로 부가 서비스를 제공함으로써 발생하는 수익이며, 항공사의 수익 창출 면에서 중요한 부분을 차지하고 있다. 항공사는 기존에 항공 운임에 모든 서비스들을 포함하여 항공권 판매 금액을 유지하였으나, 항공산업의 거대화, 다변화, 경쟁력 강화 등의 요인으로 점차 항공 운임과 서비스를 분리하여 서비스 비용을 추가적으로 부가함으로써 항공 운임의 가격 경쟁력을 강화시키고, 부가 서비스에 대한 추가 수익을 창출하는 방식으로 판매 방식을 바꾸고 있다.

이 장에서는 항공사의 수익 관리의 역할과 어떻게 항공사가 부가 수익을 창출하는지에 대해 자세히 살펴보기로 한다.

Full Service Carrier는 승객 수송과 수송 시 제공하는 모든 서비스와 서비스에 사용되는 기내 용품 등을 포함하여 항공 운임을 제공하므로 추가 비용을 지불하지 않고 이 모든 서비스를 제공받을 수 있다. 그러나 항공사들은 항공기 운영에 지불되는 비용이 증가함에 따라 특히, 유가상승, 보안 혹은 공항 사용료 등의 비용, 인건비 상승으로 인하여 재정적으로 위기를 피할 수 없게 되었다. 항공 산업내의 경쟁력 심화로 인해 항공사는 항공 운임을 인상하기가 어려워 졌고, 운영 비용에 대한 부담은 증가하게 되어 항공사는 항공 운임과 부가 서비스를 분리시켜 운임을 구성하는 방식을 도입하게 되었다. 수하물, 기내식, 담요나 베개, 좌석 지정 등 과거 무료로 제공하던 서비스에 대해서 항공사는 서비스 금액을 책정하기 시작하였다. 이러한 수익 방식은 항공사에게는 새로운 기회가 되었고, 승객 또한 필요한 서비스만 선택하여 제공 받을 수 있게 됨에 따라 여행 비용을 최소화 할 수 있게 되었다.

01 GDS 시스템을 통한 특별 요청 사항

항공권은 항공 수송과 관련된 부가 서비스 비용을 일반적으로 포함하고 있다. 그러함에도 불구하고 Ancillaries예약은 승객들에게 출발 전 혹은 출발 시나 기내 안에서 승객들이 비용을 지불하고 제공 받을 수 있는 부가서비스를 제공함으로써 항

표 3.1	**Ancillaries 선택 사항**		
1	Reservation Booking Fee	6	In-flight WIFI
2	Priority Check-in and Security screening	7	Cabin Pillows and Blanket
3	In-flight Entertainment	8	Meal and Beverage
4	Lounge Access	9	Pet in Cabin
5	Seat Assignment	10	Unaccompanied Minor Assistance

공사에게는 추가수익을 준다.

항공사들이 제공하는 부가 수익의 선택 사항들은 [표 3.1]과 같다.

항공사들은 각 회사의 목적에 맞게 다양한 Ancillary방식을 채택하여 승객들에게 안내를 하고, 서비스에 대한 금액과 종류를 각 사의 홈페이지에 공지한다.

승객들은 항공권 운임만 지불할 수도 있고, 추가로 부가서비스를 선택하고 비용을 지불할 수도 있다. 그리고 항공권 구매 시 한꺼번에 모든 부가서비스를 구매 할 수도 있다. 가족 여행일 경우 승객은 기내 엔터테인먼트나 소아, 유아식을 신청할 수도 있고, 출장을 하는 비즈니스 승객일 경우 WIFI나 라운지 사용에 추가 비용을 지

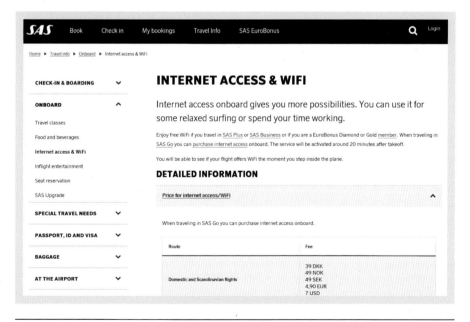

그림 3.1 스칸디나비아 항공사 in-flight WIFI Fee

출처: www.flysas.com

불하기도 한다. 항공사는 부가 수익을 최대한으로 창출하기 위해 Ancillaries예약에 대한 깊은 이해가 필요하며, 승객과 항공사 모두에게 세분화된 서비스의 선택과 제공이 필요하다. 항공사 웹사이트를 통하여 승객들은 쉽게 원하는 서비스를 선택하여 지불할 수 있고, 항공사 또한 웹사이트를 통해 자세한 서비스 내용들을 승객에게 전달할 수가 있다. 그러나, 대부분의 항공 예약이 여행사를 통하여 진행되므로, 여행사, 혹은 예약 진행을 하는 항공사 예약과 직원은 GDS 시스템을 통하여 서비스 종류에 대한 검색과 요청이 가능하다. GDS시스템은 여행사가 항공사의 수익 창출을 하도록 많은 기여를 하고 있으므로, 항공사에서는 GDS시스템 내에 자세한 서비스 코드를 입력하는 것이 중요하다.

GDS시스템을 통해 여행사는 항공사가 제공하는 서비스에 대한 종류와 금액이 확인 가능하며, 예약 시스템에서 요청하는 지시어를 확인하여 예약을 진행할 수 있다.

 Key Learning Point

GDS시스템은 여행사가 항공사의 부가 서비스에 대한 요청과 금액을 청구 할 수 있도록 시스템을 제공하며, 부가 서비스의 비용을 청구하는 방식으로 EMD라는 전자 바우처를 발행하는 방식을 사용한다. 즉, 항공 수송에 대한 비용은 항공권 발행으로, 부가 서비스에 대한 비용은 EMD 발행을 통하여 비용을 정산하게 된다.

```
MEAL TYPE                        CHARGE
--------------------------------------------------------------------
BREAKFAST                        - BRML   DKK 59,  NOK 79,  SEK 79,  EUR 8
LUNCH                            - ADML   DKK 79,  NOK 89,  SEK 89,  EUR 11
GLUTEN AND LACTOS FREE MEAL      - GLML   DKK 95,  NOK 110, SEK 110, EUR 11
KIDS MEAL                        - KDML   DKK 49,  NOK 59,  SEK 59,  EUR 7
MINI-PIZZA                       - PZML   DKK 50,  NOK 55,  SEK 55,  EUR 6
SALAD                            - SAML   DKK 70,  NOK 85,  SEK 85,  EUR 10
SANDWICH                         - TAML   DKK 49,  NOK 59,  SEK 59,  EUR 6
VEGETARIAN LACTO OVO MEAL        - VTML   DKK 95,  NOK 110, SEK 110, EUR 11
VEGAN MEAL                       - VVML   DKK 95,  NOK 110, SEK 110, EUR 11
DINNER                           - EVML   DKK 79,  NOK 89,  SEK 89,  EUR 11
```

그림 3.2 GDS 시스템 내의 Ancillaries 리스트(기내식 예-스칸디나비아항공사 유럽내 구간)

```
EMD-1051234567890     TYPE-A                 SYS-1A  LOC-88FZ5D
INT-I          FCI-O  1     POI-LON  DOI-10APR10   IOI-91499623
PAX-1 MILLER/THOMAS MR                                  ADT
RFIC-C BAGGAGE
REMARKS-ALL BAGGAGE MUST BE UNLOCKED
CPN-1 RFISC-EXW  AY  LHRHEL  S-O  SAC-016JKRIHFNDKFF  VALUE-50
 DESCRIPTION-EXCESS WEIGHT
 NON-REFUNDABLE
 PRESENT TO-FINNAIR
 PRESENT AT-LHR
 ICW-105112233445566E2          (A)
 EXCESS BAGGAGE-      10 K RATE PER UNIT- GBP           5.00
 SERVICE REMARKS-
```

그림 3.3   추가 수하물 비용으로 인한 전자 바우처(EMD) 양식

```
RP/LON6X0100/
1.SMITH/DAVE MR
2  6X 341 Y 15AUG 5 NCELHR HK1 0745 0900 320 E 0
3 /SVC 6X HK1 LOUS NCE 15AUG   <--- CHARGEABLE ANCILLARY SERVICE
4 /SSR UMNR 6X HK1 UM10/S2      <--- CHARGEABLE ANCILLARY SERVICE
5 SSR PETC 6X HK1/S2
```

그림 3.4   GDS 시스템 내의 요청 방식

> 3번 라인-NCE 공항 라운지 사용-Chargeable (/ 표시)
> 4번 라인-UM 서비스 신청-Chargeable (/ 표시)
> 5번 라인-PETC 예약-Non Chargeable

　여행사와 항공사는 승객이 직접 항공사 website로 요청하고 지불하는 서비스를 GDS시스템을 통하여 예약, 비용 청구 등이 모두 가능하다. 승객의 대부분은 여행사를 통한 예약을 진행하므로, 항공사 예약 직원 뿐 아니라 여행사 직원도 Ancillary Service 코드에 대한 항공사별 이해와 시스템에서의 적용 방식에 대한 지시어 습득이 필요하다.

02 저비용 항공사Low Cost Carrier의 유료서비스

항공사 간 경쟁이 치열해 항공 운임 경쟁 역시 심화되면서 저비용 항공사들은 새로운 시스템으로 유료 부가서비스를 확대하며 신규 수익 창출을 모색하고 있다. 마일리지 제도가 탄탄한 대한항공이나 아시아나항공 같은 대형 항공사Full Service Carrier가 충성 고객을 확보하고 있는 것과는 달리, 저비용 항공사를 선택하는 고객은 일반적으로 항공사 브랜드 또는 마일리지 보다 항공 운임을 중요하게 생각한다. 따라서 항공 운임을 낮춤과 동시에 가장 기본적인 무료 서비스였던 기내식을 유료로 전환하고, 수하물 기준을 강화하는 등 다른 수익을 창출하고 있는 것이다.

🖼 선호 좌석 구매 서비스

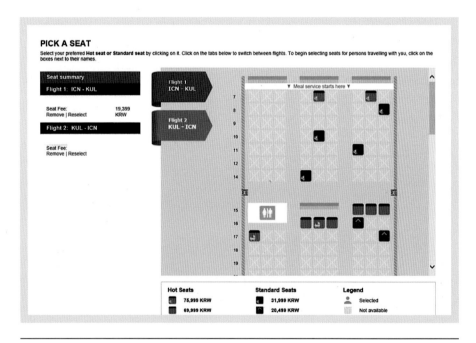

그림 3.5 에어아시아의 유료 사전좌석지정 서비스

출처: https://www.airasia.com/

대부분의 승객들이 선호하는 비상구 좌석 또는 다리를 펼 수 있는 앞자리를 유료로 판매하고 있으며, 만석이 아니라면 배정 받은 좌석의 옆 좌석을 유료로 구입할 수 있다.

사전좌석지정

국내선/국제선 탑승 전 고객님이 원하는 자리를 미리 선택하여 구매하는 서비스 입니다.

| 2020년 10월25일 접수 중발 | 2020년 10월24일 이전 출발 |

좌석 안내

기종	좌석종류	특징
B777-200ER 좌석배치도	JINI PLUS	좌석 간 간격이 일반석 보다 15cm 더 넓은 좌석
	JINI STRETCH	첫번째 열에 위치하여 일반석 보다 넓은 좌석
	JINI FAST	항공기 앞쪽에 위치하여 빠른 하기가 가능한 좌석
	JINI EXIT	비상구에 위치한 좌석
	JINI STANDARD A	일반 좌석 중 앞 쪽에 위치 혹은, 선호도가 높은 커플 좌석
	JINI STANDARD B	일반 좌석 중 뒤 쪽에 위치한 좌석
B737-800 좌석배치도	JINI STRETCH	첫번째 열에 위치하여 일반석 보다 넓은 좌석
	JINI FAST	항공기 앞쪽에 위치하여 빠른 하기가 가능한 좌석
	JINI EXIT	비상구에 위치한 좌석
	JINI EXIT (No Recline)	비상구에 위치한 좌석 (등받이 고정)
	JINI STANDARD A	일반 좌석 중 앞 쪽에 위치한 좌석
	JINI STANDARD B	일반 좌석 중 뒤 쪽에 위치한 좌석

좌석 별 운임 안내

채널	지역	JINI PLUS	JINI STRETCH JINI EXIT	JINI FAST	JINI EXIT (No Recline)	JINI STANDARD A	JINI STANDARD B
오프라인	국내선	KRW 15,000 USD 15	KRW 15,000 USD 15	KRW 8,000 USD 8	KRW 13,000 USD 13	KRW 5,000 USD 5	KRW 3,000 USD 3
	일본/중국본토	KRW 25,000 USD 25	KRW 20,000 USD 20	KRW 10,000 USD 10	KRW 15,000 USD 15	KRW 6,000 USD 6	KRW 4,000 USD 4
	홍콩/마카오/대만/러시아	KRW 35,000 USD 35	KRW 30,000 USD 30	KRW 15,000 USD 15	KRW 25,000 USD 25	KRW 8,000 USD 8	KRW 5,000 USD 5
	동남아/대양주	KRW 60,000 USD 60	KRW 45,000 USD 45	KRW 22,000 USD 22	KRW 40,000 USD 40	KRW 11,000 USD 11	KRW 6,000 USD 6
	호주/미주	KRW 120,000 USD 120	KRW 85,000 USD 85	KRW 32,000 USD 32	KRW 75,000 USD 75	KRW 14,000 USD 14	KRW 7,000 USD 7
온라인	국내선	KRW 9,000 USD 9	KRW 9,000 USD 9	KRW 5,000 USD 5	KRW 7,000 USD 7	KRW 3,000 USD 3	KRW 1,000 USD 1
	일본/중국본토	KRW 19,000 USD 19	KRW 14,000 USD 14	KRW 7,000 USD 7	KRW 9,000 USD 9	KRW 4,000 USD 4	KRW 2,000 USD 2
	홍콩/마카오/대만/러시아	KRW 29,000 USD 29	KRW 24,000 USD 24	KRW 12,000 USD 12	KRW 19,000 USD 19	KRW 6,000 USD 6	KRW 3,000 USD 3
	동남아/대양주	KRW 49,000 USD 49	KRW 39,000 USD 39	KRW 19,000 USD 19	KRW 34,000 USD 34	KRW 9,000 USD 9	KRW 4,000 USD 4
	호주/미주	KRW 99,000 USD 99	KRW 79,000 USD 79	KRW 29,000 USD 29	KRW 69,000 USD 69	KRW 12,000 USD 12	KRW 5,000 USD 5

- 통화 별 환율 기준 : KRW1,000 = USD 1 = JPY 100 = CNY 7 = HKD 8 = MOP 8 = TWD 30 = THB 35 = MYR4 = PHP 50 = VND 24,000 = AUD 1.4
- 오프라인 채널 : 고객서비스센터, 공항
- 공항 현장 구매 : JINI PLUS, JINI STRETCH, JINI EXIT, JINI EXIT (No Recline) 의 잔여 좌석에 한해 당일 공항에서 좌석배정 및 결제가 가능
- JINI PLUS, JINI STRETCH, JINI EXIT, JINI EXIT (No Recline) 구매 시 모든 통화는 출발지 현지 통화 기준으로 지불되며, 현지통화는 USD로도 구매가 가능합니다.
- *탑석/임대버서비스/호주/미주 노선을 제외한 지니플러스 운임 선택 시에만 지니클래스 좌석 지정이 가능하며, 일반 요금 선택 시에는 당일 공항에서 요금 지불 후 업그레이드가 가능합니다. (노선별 업그레이드 바장 지원)

출처: https://www.jinair.com/flight/seat

그림 3.6
진에어의 유료 사전좌석지정 서비스

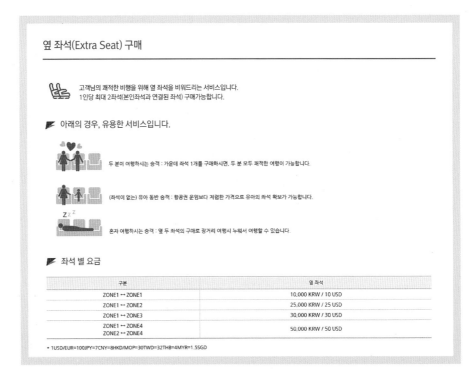

 아래 캡션과 함께 표시된 표:

옆 좌석(Extra Seat) 구매

고객님의 쾌적한 비행을 위해 옆 좌석을 비워드리는 서비스입니다.
1인당 최대 2좌석(본인좌석과 연결된 좌석) 구매가능합니다.

▶ 아래의 경우, 유용한 서비스입니다.

두 분이 여행하시는 승객 : 가운데 좌석 1개를 구매하시면, 두 분 모두 쾌적한 여행이 가능합니다.

(좌석이 없는) 유아 동반 승객 : 항공권 운임보다 저렴한 가격으로 유아의 좌석 확보가 가능합니다.

혼자 여행하시는 승객 : 옆 두 좌석의 구매로 장거리 여행시 누워서 여행할 수 있습니다.

▶ 좌석 별 요금

구분	옆 좌석
ZONE1 ↔ ZONE1	10,000 KRW / 10 USD
ZONE1 ↔ ZONE2	25,000 KRW / 25 USD
ZONE1 ↔ ZONE3	30,000 KRW / 30 USD
ZONE1 ↔ ZONE4 ZONE2 ↔ ZONE4	50,000 KRW / 50 USD

* 1USD/EUR=100JPY=7CNY=8HKD/MOP=30TWD=32THB=4MYR=1.5GD

그림 3.8   제주항공의 옆 좌석 구매 서비스

🧳 기내식, 식음료 및 기내 서비스

　장시간 비행하는 여객기 내에서 승객에게 제공되는 기내식은 객실 승무원과 함께 항공사의 서비스 품질을 좌우하는 중요한 항공 서비스 중 하나이다. 중단거리 노선을 기반으로 하는 저비용 항공사들은 단시간 비행 동안의 기내식에 대한 승객의 다양한 요구를 반영하여 비용 절감뿐 아니라 다양한 메뉴를 선보이며 항공사의 추가 수익 창출과 승객의 비용 절감을 추구하고 있다.

　또한, 기내 와이파이 사용, 기내 휠체어, 아기 바구니 사용, 기내 엔터테인먼트 제공, 기내 면세품 판매, 기내 편의 용품 등 다양한 추가 서비스 제공 방식을 통하여 저비용 항공사들은 항공 운임을 최소화 시키고, 추가 수익을 창출하는 방식들을 끊임없이 개발, 적용하고자 한다.

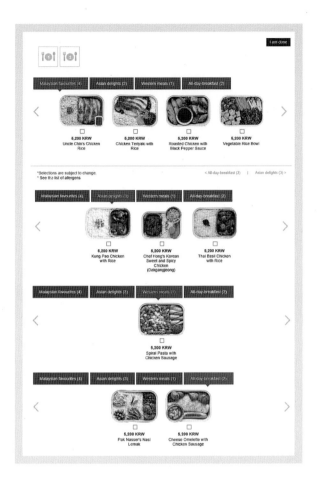

그림 3.9
에어아시아의 유료 기내식

출처: https://www.airasia.com/

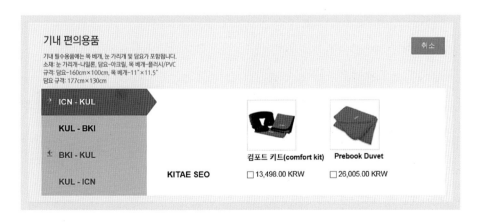

그림 3.10 에어아시아의 유료 기내 편의 용품

출처: https://www.airasia.com/

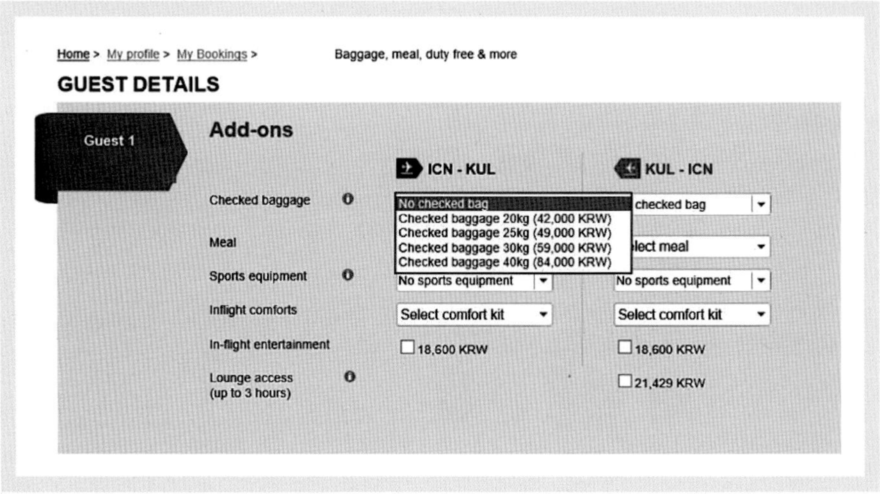

그림 3.11   에어아시아의 수하물 수수료

출처: https://www.airasia.com/

🧳 수하물 Baggage

항공사의 주요한 부가 수익이 되는 수하물은 FSCFull Service Carrier의 경우 항공사 마다 자체 규정에 따라 무료 수하물 허용량을 서비스한다. 저비용항공사의 경우 항공운임에 수하물을 포함시키지 않으나 때에 따라 항공사의 프로모션이나 마케팅 차원에서 제공 하기도 한다.

수하물의 운반 방식은 크게 기내 수하물과 위탁 수하물의 2가지로 나뉘며, 기내 수하물의 경우 항공기 내의 사정에 따라 사이즈와 무게가 엄격히 규제된다.

또한, 항공 스케줄이 여러 편일 경우 목적지까지 수하물 비용을 청구하기도 하고, 항공편 마다 분리하여 수하물 비용을 책정하기도 하는데, 이는 FSC와 LCC의 큰 차별화 서비스 중 하나라고 볼 수 있다.

🧳 유료 멤버십

저비용 항공사의 유료 서비스 이외에도 제주항공에는 유료 멤버십 제도가 있다. 연회비를 내고 가입하는 유료 멤버십인 J Pass는 특가 항공권 우선 예매권, 체크인 및 탑승 우선권, 현장 좌석 지정 등의 혜택을 1년간 누릴 수 있다.

그림 3.12
제주항공의 유료 멤버십

출처: https://www.jejuair.net/

A. Ancillary는 항공 운임에 포함되지 않은 추가 서비스를 의미한다.

ⓐ True

ⓑ False

B. 기내 Ancillary에 포함되지 않은 추가 서비스를 고르시오.

ⓐ 기내 와이파이

ⓑ 기내식

ⓒ 보딩패스

ⓓ 기내 음료

C. 여행사와 항공사가 Ancillary 요청 시 GDS를 통하여 서비스코드를 확인한다.

ⓐ True

ⓑ False

D. Ancillary 확약 후 비용 징수 시 발행되는 바우처를 EMD라고 부른다.

ⓐ True

ⓑ False

E. 아래 Ancillary에 대한 설명 중 옳은 내용을 고르시오.

ⓐ Ancillary는 선택적으로 사용하는 무료 서비스이다.

ⓑ 여행사를 통해서만 사전에 요청 가능하다.

ⓒ 일반적으로 항공 운임보다 비싸다.

ⓓ 항공사의 수익을 증대시킬 수 있다.

F. 다음 중 ancillaries service를 제공할 수 있는 항공사는?

  ⓐ 모든 항공사

  ⓑ 저비용 항공사

  ⓒ 대형 항공사

G. 다음 중 여행사에서 승객에게 Ancillaries service를 예약, 판매하는 방식은 무엇인가?

  ⓐ 항공사 홈페이지를 통하여

  ⓑ GDS시스템을 통하여

  ⓒ 항공사 콜센터를 통하여

  ⓓ 공항 수속 담당 직원을 통하여

H. Ancillaries service가 항공사에 부여하는 장점을 고르시오.

  ⓐ 다양한 서비스 선택

  ⓑ 차별화된 개인 서비스

  ⓒ 비용절감

  ⓓ 추가 수익 증대

Answer Key

A.ⓐ   B.ⓒ   C.ⓐ   D.ⓐ   E.ⓓ   F.ⓐ   G.ⓑ   H.ⓓ

Airline
Passenger
Service

Chapter

04

수하물 규정

항공사는 Ancillary Service를 통하여 항공권의 운임을 경쟁력 있게 유지하면서 부가 수익을 창출할 수 있는데 수하물을 통한 수익 창출은 그중 대표적인 예라 할 수 있다. 이 장에서는 항공사마다 규정하는 무료 수하물의 허용치와 수하물 규정, 최대 수하물 허용치와 기내 반입 수하물 등에 대해 살펴보기로 한다.

승객이 소지하는 수하물을 운송하고, 서비스하는 과정은 국제적으로 표준화되어 있지 않으며, 항공사 내의 자체 규정에 의거하여 무료 수하물, 혹은 추가 비용 등이 결정된다. 수하물을 다루는 방식이나 허용되는 물품 등에 대한 제한, 허용량 등은 국가마다 입국 시 기준이 다양하며 국제선에서 국내선으로의 이동 시, 혹은 국내선에서 국제선으로의 이동 시 또 다른 규정이 적용될 수 있다.

IATA에서는 Baggage를 아래와 같이 정의하고 있다.

- Articles, effects, and other personal belongings of passengers destined to be worn or used by them or necessary for their comfort of convenience during the journey.

승객의 수하물은 크게 2가지 방식으로 운송이 되며, 기내로 반입이 가능한 기내 수하물Unchecked Baggage, Cabin Baggage과 수속 시 기내 화물칸으로 별도 운송되는 위탁

그림 4.1
인천 공항 수하물 수속

그림 4.2
인천 공항 수하물 무게 확인 저울

수하물Checked Baggage로 구분을 한다. 항공사들은 자체 Checked Baggage 규정에 따라 무료 수하물의 허용치를 적용하고, 대부분의 항공사들이 비슷한 수준으로 적용을 하기도 하나, 경쟁력 강화를 위해 무료 수하물의 허용량을 증가시키거나 추가 수하물의 비용을 적게 책정하는 등의 방식을 채택하기도한다.

 무료 기내 수하물 Cabin Baggage

무료 위탁 수하물의 허용량 이외에도 항공사는 승객들의 기내 수하물 반입을 허용한다. 기내 수하물의 사이즈는 Overhead Compartment, 혹은 좌석 밑 공간에 넣을 수 있을 정도의 크기를 의미하며, 무료로 제공되나 사이즈와 무게에 있어서 제한을 받는다.

일반적으로 적용되는 기내 수하물의 사이즈는 길이 56Cm, 넓이 45Cm, 두께 25Cm이며 총합이 115Cm 를 넘지 않아야 한다. 또한 무게에 있어서도 항공사마다 차이는 있으나 대개 5~7kg을 넘지 않도록 규정하고 있다.

그림 4.3　기내 수하물 선반(Overhead compartment)

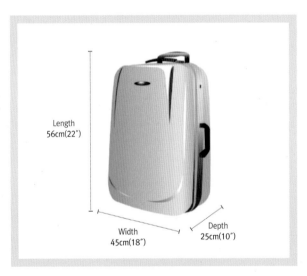

Length
56cm(22˝)

Width
45cm(18˝)

Depth
25cm(10˝)

그림 4.4
기내 수하물 사이즈

　기내에 반입 물품 또한 제한 사항이 적용된다. 액체 류나 크림, 스프레이, 젤 등 허용량을 제한하거나 반입 자체가 불가 하도록 규정하고 있으며, 액체 류의 경우 속이 비치는 플라스틱 백에 100ml이내일 경우에만 반입 허용을 하기도 한다. 보안 검색대를 통과하기 전에 승객은 개인 소지품이나 기내 반입 수하물에 있는 허용치 이상의 액체류나 혹은 반입 금지 물품을 더 이상 소지할 수 없게 되며, 보안 검색대에 플라스틱 백을 분리하여 스크리닝 하여야 한다.

그림 4.5
기내 반입 수하물 보안 검색대

 무료 위탁 수하물 Checked Baggage Allowance

위탁 수하물 Checked Baggage는 기내에 반입하기에 부피가 너무 커서 반입이 불가한 수하물을 의미한다. Checked Baggage는 항공기 아래 부분 화물칸에 탑재되며 항공사는 승객의 수하물을 안전하게 운송할 책임이 있다.

각 항공사는 수하물의 개수나 무게, 사이즈 등에 관한 자체 규정에 의해 무료 수

그림 4.6
위탁 수하물 기내 운반 작업

하물 규정을 적용하게 된다. 항공사에서는 수하물의 개수를 "Piece"라고 표현하며, 만약 항공사가 승객에게 2개의 Checked Baggage를 허용할 경우 무료 수하물 허용량에 2pieces라고 표기한다. 수하물의 사이즈는 예를 들어 Length 55, Width 35, Height 22로 표시하며 최종 사이즈를 모든 수치의 합 112=55+35+22으로 표시한다. 각 항공사들은 수하물에 적용되지 않는 물품 혹은 적용되는 물품 등에 대한 리스트를 제공하고, 스포츠 장비나 악기 등과 같은 특별 수하물에 대한 규정도 제공한다. 예를 들어, 어느 항공사는 서핑 보드나 골프백을 무료 수하물로 적용하기도 하고 어느 항공사는 특별 수하물 운반 비용을 청구하기도 한다.

항공사는 무게와 크기가 초과하는 수하물에 대한 추가 비용을 규정 짓고 있으며, 무게가 초과되거나 크기가 초과되거나, 추가 수하물이 있거나 할 경우 각 사의 규정에 따라 비용을 지불하도록 한다. 무료 수하물의 규정은 항공사마다 적용 규정이 다양하며, 승객의 여정과 Cabin Class에 따라 다르게 적용된다. 마일리지 멤버에게는 추가 수하물이 있을 경우 비용을 면제해주는 혜택을 부여 받기도 한다. 모든 항공사는 각 사의 수하물 허용 규정과 정책을 항공사 웹 페이지와 GDS시스템에 제공한다.

분류	모든 수하물의 총무게 최대
로열 실크 클래스	40 kg (88 파운드)
프리미엄 이코노미 클래스	30 kg (66 파운드)
이코노미 클래스	30 kg (66 파운드)
	* 예외 RBD L / V / W클래스: 20kg (44 파운드)
좌석 미점유 유아 승객	10 kg (22 파운드)
ROP&스타얼라이언스 골드회원 추가분	20 kg (44 파운드)
로열 오키드 플래티넘 회원 (TG이용 구간에만 해당) 추가분	30 kg (66 파운드)
ROP실버회원 (TG이용구간에만 해당) 추가분	10 kg (22 파운드)

그림 4.7 타이 항공사 수하물 규정

출처: www.thaiairways.com

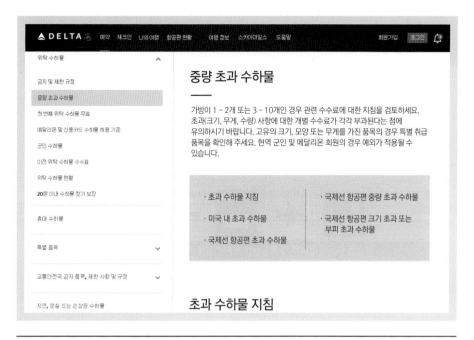

그림 4.8 델타 항공사 초과 수하물 규정

출처: www.delta.com

그림 4.9
Oversized Baggage(큰짐 부치기)

성인을 동반한 소아, 혹은 동반하지 않은 소아Unaccompanied Minor의 경우 무료 위탁 수하물의 규정은 성인과 동일하게 적용된다.

좌석을 차지하지 않는 유아의 경우에도 무료 위탁 수하물 규정이 적용되며 일반

```
        AL FLGT  BK    DATE  TIME   FARE BASIS          NVB  NVA   BG
SEL
BKK TG   659 Y      04APR 0935  Y3LYOTG                  성인수하물 (30)
--------------------------------------------------------------
        AL FLGT  BK    DATE  TIME   FARE BASIS          NVB  NVA   BG
SEL
BKK TG   659 Y      04APR 0935  Y3LYOTG/CH               소아수하물 (30)
--------------------------------------------------------------
        AL FLGT  BK    DATE  TIME   FARE BASIS          NVB  NVA   BG
SEL
BKK TG   659 Y      04APR 0935  Y3LYOTG/IN               유아수하물 (10)
```

그림 4.10 GDS에 표시되는 소아, 유아 무료 수하물(Weight Concept)

```
        AL FLGT  BK    DATE  TIME   FARE BASIS          NVB  NVA   BG
SEL
BKK KE   657 Y      01DEC 0915  [YOWKE]                       01DEC (1P)
--------------------------------------------------------------
        AL FLGT  BK    DATE  TIME   FARE BASIS          NVB  NVA   BG
SEL
BKK KE   657 Y      01DEC 0915  [YOWKE/CH25]                  01DEC (1P)
--------------------------------------------------------------
        AL FLGT  BK    DATE  TIME   FARE BASIS          NVB  NVA   BG
SEL
BKK KE   657 Y      01DEC 0915  [YOWKE/IN90]                  01DEC (1P)
```

그림 4.11 GDS에 표시되는 소아, 유아 무료 수하물(Piece Concept)

적으로 최대 10kg의 가방 1개와 접을 수 있는 유모차 1개, 유아 카 시트를 운반할 수 있도록 허용된다. 기내 공간이 여유가 있을 경우 유모차와 유아 카 시트는 기내 반입이 가능하다.

 ## 국제선 환승 시 수하물 규정

Online Journey, 즉 동일한 항공사로 전 여정을 여행하는 경우, 예를 들어 SYD QF SIN QF BNE QF SYDSYD : 시드니, SIN : 싱가포르, BNE : 브리즈번, QF : 콴타스 항공의 여정을 판독할 시에 전 여정이 QF 항공으로 이루어져 있기 때문에 항공 예약 시 QF 항공사의 수하물 규정을 따르면 된다.

만약, 한 항공권 안의 전체 여정이 여러 항공사를 이용하는 여정일 경우 수하물 규정은 어떻게 적용될 것인가? 연결편이어도 각각의 항공사 규정을 따라야 하는 것인지에 대한 의문이 생긴다. 이런 경우에 승객이 여정 마다 각 항공사 수하물 규정을 따른다면 승객의 불편과 혼란을 초래할 가능성이 크다. IATA Resolution 302에서 IATA는 Interline Journey의 무료 수하물 허용과 추가 비용 등에 대해 규정짓고

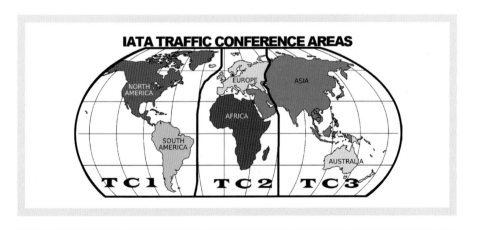

그림 4.12 IATA 지리학적 구분(Traffic Conference Areas)

있으며, 승객이 목적지까지의 운임 Through Fare를 사용한 하나의 항공권으로 여행시 승객은 항공편을 갈아탈 때마다 각 항공사의 무료 수하물 규정을 따르지 않는다. IATA Resolution 302는 각 항공사의 무료 수하물 규정이 동일하지 않을 경우 어느 항공사의 규정을 적용할 것인지에 대한 가이드라인을 제시하며, Most Significant Airline MSC, 즉 가장 유력한 항공사를 선정하여 해당 항공사의 규정에 따라 목적지까지의 수하물 적용 방식을 선택하게 된다.

Most Significant Carrier를 선택하기 위해서는 먼저 IATA 지역 구분에 대한 이해가 필요하다.

IATA 지역 구분에 대한 이해는 Interline Journey의 Significant Carrier, 즉 중심이 되는 항공사를 선택하는데 있어서 중요하게 작용한다. 여정의 타입과 MSC 선정 기준은 아래와 같이 4가지 종류로 구분된다.

- 2개의 TC지역을 횡단하는 여정: TC지역을 횡단하는 첫번째 운항 항공사, 3개의 TC지역을 횡단하는 경우도 첫번째 TC 횡단 운항 항공사 선택
- 1개의 TC지역내의 여정이나 Sub-Area를 횡단하는 여정: 첫번째 Sub-Area 횡단 항공사
- 전 여정이 Sub-Area내에 있을 경우: 첫번째 국제선 여정 항공사
- 전 여정이 국내선일 경우: 승객이 수속하는 첫번째 항공사

승객이 공동운항 편으로 여행할 경우 운항 항공사가 특별하게 규정 짓지 않는 한 운항 항공사가 아닌 마케팅 항공사 규정을 적용한다.

표 4.1 IATA 지리학적 구분과 적용 지역

IATA Traffic Conference/Area		IATA Sub-Area
Western Hemisphere 서반구	TC/Area 1: 북미, 중미, 남미, 하와이 등	USA, 캐나다, 멕시코, 중남미 (브라질 등)
Eastern Hemisphere 동반구	TC/Area 2: 유럽, 중동, 아프리카	UAE, 아프리카
	TC/Area 3: 아시아, 괌, 남태평양	대한민국, 일본, 동아시아, 서남아시아, 남태평양(호주, 뉴질랜드, 타히티 등)

GDS의 무료 수하물 적용

GDS시스템은 확약 되어 있는 여정의 예약을 자동으로 운임 계산하고, 적용되는 항공 운임에 맞는 무료 수하물 규정에 대한 정보를 제공 한다. 항공권 발권 시 GDS시스템을 통하여 허용되는 각 항공사의 수하물 규정이 항공권에 자동으로 표기된다.

"PC", 혹은 "P"는 수하물 허용 규정을 수하물의 개수로 제한할 경우의 표기 방식이며, "KG", 혹은 숫자 표기는 수하물 허용 규정을 수하물의 무게로 제한할 경우의 표기 방식이다.

GDS를 통해서 여행사, 혹은 항공사 직원은 승객이 추가 수하물 비용을 사전에 지불하도록 할 수 있다. 항공권 발행 시 추가 수하물 비용을 사전에 지불할 수 있는 서비스는 항공사의 추가 수익 창출을 가능하게 하며, 승객은 편리한 서비스를 이용할 수 있게 된다. 수속 시 승객의 대기 시간을 줄일 수 있으며, 기업 고객에게는 Inclusive Cost, 즉 추가 비용이 발생하지 않고 항공 운임에 모든 비용이 포함되어 출장 시 번거로움을 피할 수 있는 장점이 있다.

```
01 CYRT          *        * 1        *    2677600  *       *Y

LAST TKT DTE 14DEC20 - DATE OF ORIGIN
-------------------------------------------------------------
    AL FLGT  BK   DATE  TIME   FARE BASIS      NVB  NVA   BG
 FRA
  IST TK  1598 C    14DEC 0740   CYRT                     40
  FRA TK  1587 C    18DEC 0915   CYRT                     40

  EUR  1715.00      14DEC20FRA TK IST958.34TK FRA Q5.63Q11.27
  KRW  2386200      958.34NUC1933.58END ROE0.886945
  KRW   183800-YR   XT KRW 13900-DE KRW 43600-RA KRW 4200-M6
  KRW    18000-OY   KRW 27900-TR
  KRW    89600-XT
```

그림 4.13 GDS 시스템에 표기된 최대 허용 무료 수하물(Weight Concept)

```
LAST TKT DTE 15NOV20 - DATE OF ORIGIN
----------------------------------------------------------------
       AL FLGT BK   DATE  TIME  FARE BASIS      NVB  NVA   BG
  SEL
  NYC KE    81 C   15NOV 1000  CWRT                 15NOV 2P
  SEL KE    86 C   22NOV 0050  CWRT                 15NOV 2P

  KRW  8370400      15NOV20SEL KE NYC3465.03KE SEL3465.03NUC
                    6930.06END ROE1207.837287
  KRW    28000-BP  XT KRW 8500-XY KRW 7100-YC KRW 6800-AY KRW
  KRW     4800-XA  5500-XF JFK4.50
  KRW    27900-XT
  KRW  8431100
```

그림 4.14   GDS 시스템에 표기된 최대 허용 무료 수하물(Piece Concept)

Key Learning Point

GDS는 무료 수하물 허용량을 여정과 운임, 서비스 클래스에 맞게 설정하여 항공권 발행 시 전자
항공권에 표기 되어 발권이 진행된다.

 06 초과 수하물 규정

수하물의 개수나 무게, 사이즈 등이 초과되는 수하물은 수하물 규정에 따라 초과
수화물 수수료를 지불할 수 있다. 각 항공사는 승객이 수속할 때 발생하는 초과 수
하물을 항공사 자체 규정에 따라 계산하여 수수료를 부과한다. 초과 수하물의 경우
항공기의 예약 상황과 화물칸의 상황에 따라 영향을 받을 수 있다.

초과 수하물

타이항공 초과 수하물 요금표(2018년 9월 1일부터 적용)

USD Per Kilogram	To Zone 1	To Zone 2	To Zone 3	To Zone 4	To Zone 5	To Zone 6
From Zone 1	12	15	40	45	70	180
From Zone 2	15	40	45	55	70	180
From Zone 3	40	45	55	60	70	180
From Zone 4	45	55	60	70	70	180
From Zone 5	70	70	70	70	70	180
From Zeon 6	180	180	180	180	180	180

타이항공 Zoning Definition:

Zoning	Definition
Zone 1	방글라데시, 캄보디아, 중국(쿤밍), 라오스, 멀레이시아, 미얀마, 싱가포르,태국, 태국 내 타이항공 국내지역, 베트남, 홍콩-타이페이 구간, 타이페이-서울 구간, 카라치-무스카트 구간, 푸켓-싱가포르 구간, 푸켓-쿠알라룸프 구간
Zone 2	브루나이 다루살람, 중국(베이징, 상하이,청두, 광저우, 시안, 충칭, 창사), 홍콩, 인도,인도네시아, 마카오, 네팔, 필리핀, 스리랑카, 타이완, 홍콩-서울 구간, 푸켓-베이징 구간, 푸켓-델리 구간, 푸켓-몸바이 구간 구간
Zone 3	오스트레일리아(퍼스), 바레인, 일본, 한국, 오만, 파키스탄, 아랍에미리트, 이란, 푸켓-서울 구간, 푸켓-퍼스 구간, 푸켓-타이페이 구간
Zone 4	오스트레일리아(시드니, 브리즈번, 멜버른), 이집트, 이스라엘, 마다가스카르, 터키, 러시아(모스크바)
Zone 5	오스트리아, 벨기에, 덴마크, 체코슬로바키아, 핀란드, 프랑스, 헝가리, 독일, 이탈리아, 네덜란드, 뉴질랜드, 노르웨이, 폴란드, 포르투갈, 남아프리카, 스페인, 스웨덴, 스위스,영국, 스톡홀름-푸켓 구간, 코펜하겐-푸켓 구간, 프랑크푸르트-푸켓 구간

그림 4.15   타이항공사 초과 수하물 규정

출처: www.thaiairways.com

그림 4.16
인천국제공항 초과 수하물 수속
(Oversized Baggage)

Key Learning Point

초과 수하물 규정과 수수료는 항공사 마다 다르게 적용되며, 여정과 제공되는 서비스 클래스를 기반으로 계산된다.

07 특수 수하물

특수 수하물을 동반한 승객들은 항공 예약 시 여행사, 혹은 항공사 직원에게 사전에 공지 하여야 한다. 특수 수하물 중 휠체어, 목발, 인공 보조기구 등은 무료 수하물 이외에 추가로 수수료 없이 반입 가능하며 아래 수하물 종류들은 무료, 혹은 유료 위탁 수하물 내에 포함된다.

*항공사 마다 규정이 다를 수 있으며, 최근에는 항공사들의 수익 구조 확보를 위해 추가 수하물 비용을 부과하는 항공사가 많이 늘고 있다. 반면에, 서비스나 마케팅 차원에서 무료로 서비스를 제공하기도 한다.

- 캠핑장비
- 스키장비
- 골프 백
- 볼링 장비
- 자전거

그림 4.17
특수 수하물

항공사여객서비스개론

- 수상 스키 장비
- 낚시 장비
- 서핑 보드
- 악기100cm이내

08 동물 운송

항공사의 반려 동물 운반은 일반적으로 개, 고양이 새 등으로 제한되어 있으며 항공사의 동물 운송이 허가가 될 경우 운반이 가능하다. 일반 수하물과 동일하게 반려 동물을 운반하는 컨테이너의 사이즈와 무게가 제한되며 사전에 검역, 혹은 건강 상태 등에 대한 수의사의 확인 서류 등이 필요하다. 개의 경우 건강 증명서와 광견병에 대한 증명 서류가 필요하며 방수 가능한 컨테이너 내에 입 마개를 씌우고 올바르게 묶여 있어야 한다. 반려 동물을 동반하고자 하는 승객은 항공 예약 시 반드시 여행사, 항공사 직원에게 사전 예약을 요청하여야 한다.

동물 운송 서비스는 크게 2가지로 나뉜다.

PETC : Pet in Cabin

승객과 함께 기내 반입 가능항공사에서 규정하는 컨테이너 사이즈가 매우 작으며, 컨테이너 포함 무게가 대부분 7kg을 넘지않을 경우로 규정한다. 비행 중 기내 안에서는 승객의 좌석 아래 부분에 위치한다.

AVIH : Animal in Hold

기내 반입 불가한 사이즈의 동물일 경우 승객 수하물과 같은 장소에 탑재된다. 기내 탑재 시 비행 중 먹을 물을 반드시 준비하여야 한다.

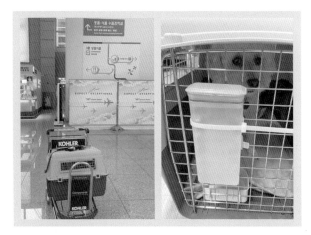

그림 4.18
동물 컨테이너

출처: https://petairline.co.kr/

그림 4.19
동물 컨테이너 이동(AVIH),

출처: https://petairline.co.kr/

그림 4.20
동물 컨테이너 기내 이동 준비

출처: https://petairline.co.kr/

일반 수하물 비용과 동일하게 적용되는 반려 동물 운송 비용은 컨테이너와 비행 중 필요한 음식을 포함하여 사이즈와 무게를 책정하며 이는 무료 수하물 허용량에 포함되지 않는다. 반려 동물은 항공기 운송 시 승객의 수하물과 동일한 공간에 탑재되며 추가 수하물 비용을 적용한다. 그러나, 시각, 청각의 손상으로 인하여 안내견의 도움을 필요로 할 경우에는 무료로 승객과 함께 기내에 탑승이 허용된다. 하지만 승객은 항공 여행시 반려 동물을 동반할 경우 반려 동물의 부상이나 질병, 사망 등에 대한 가능성도 고려해야 하며, 항공사에서 제공받은 제3국 입국 시 필요한 모든 서류들이 출발지 국가에서 탑승 전까지 완료되어야 한다.

반려 동물에 대한 입국 허가는 입국 하는 국가 혹은 환승 국가의 규정 등에 영향을 받으며, 승객이 입국 시 필요한 올바른 여권과 비자 등이 준비가 되지 않아 탑승 거부를 당할 수 있는 것처럼, 동물도 광견병이나 건강 검진 서류 등 올바른 서류가 준비되지 않을 경우 탑승, 혹은 입국 거부가 될 수 있다. 항공사들은 동물이 제3국에 입국 시 여러가지 사유로 인하여 입국 거부될 경우 책임을 지지 않으며, 국가마다 입국 동물에 대해 단기간 혹은 장기간 공항 검역 내에 체류를 요구하는 규정을 적용하기도 한다.

09 위험물과 반입 제한 품목

항공권 구매 시 승객은 기내 반입 시 위험물로 규정되어 반입 불가한 품목들에 대한 안내문을 제공받는다. 승객에게 위험물에 대한 고지를 하는 것은 여행사와 항공사 직원의 의무이며, 아래 품목들에 대해서는 폭발 위험 가능성이 있으므로, 기내 반입 수하물이나 위탁 수하물 모두 허용하지 않는다.

- 소총, 탄약과 같은 총기류사냥용 총기류는 항공사의 사전신고를 통하여 반입 가능하다.
- 인화성 액체소독용 알코올, 가솔린, 페인트, 표백제, 접착제 등

- 인화성 고체_{성냥, 라이터액체가 있는 라이터 등}

- 인화성, 비인화성 유독 가스_{캠핑 가스, 에어로졸 가스, 프로판 가스 등}

- 부식성 물질_{산, 과산화수소수, 리튬, 습식 전지, 수은이 내장 되어 있는 온도계 혹은 혈압계 등}

그림 4.21
IATA 규정에 따른 금지 위험물 안내문

그림 4.22 항공 위험물 품목

출처: 한국교통안전공단

112

칼이나 가위 등 날카로운 품목들과 면도날 등은 위탁 수하물로만 운반이 가능하며, 만약 소지하였을 경우 공항 보안 검색대에서 폐기 처리 된다.

2019. 12월에 개정된 위험물 규정에서 리튬 배터리에 대한 제한 조건이 보다 세분화 되었기 때문에 항공사 직원은 개정된 위험물 규정을 반드시 숙지해야 하며, 국제 운송 시 항공기내 폭발 위험성이 있으므로, 항공사는 위험물을 다루는 직원들에게 위험물 자격증 보유를 요구한다.

표 4.2 제한적으로 운반 가능한 품목(의료용품)

물품 또는 물건	부치는 짐 (위탁 수하물)	기내 휴대 (휴대 수하물)	몸에 소지
의료용 산소 실린더 또는 공기 실린더 • 항공사 승인 필요 • 실린더 당 총 질량이 5kg 이하	◎	◎	◎
액체 산소가 들어있는 장치	×	×	×
전동 휠체어 등 이동보조장비(습식 배터리) • 항공사 승인 필요	◎	×	×
전동 휠체어 등 이동보조장비(리튬이온배터리) 배터리: 300와트시(Wh) 이하 • 항공사 승인 필요 • 탈거된 리튬이온배터리는 객실에 실어 운반 • 배터리 단자는 단락방지 조치를 할 것 • 배터리는 손상방지 조치 • 보조배터리가 1개인 경우 300와트시(Wh) 초과 불가 • 보조배터리가 2개인 경우 각각 160와트시(Wh)초과 불가	◎	제한사항 참조	×
리튬배터리가 장착된 휴대용 의료 전자장비 리튬메탈배터리: 리튬함량 2그램 이하 리튬이온배터리: 100와트시(Wh) 이하	◎	◎	◎
휴대용 의료전자장비용 여분(보조) 배터리 리튬메탈배터리: 리튬함량 2그램 이하 리튬이온배터리: 100와트시(Wh) 이하	×	◎	◎
리튬배터리가 장착된 휴대용 의료 전자장비 리튬메탈배터리: 리튬함량 2~8그램 리튬이온배터리: 100와트시(Wh) 초과~160와트시(Wh) 이하 • 항공사 승인 필요	◎	◎	◎
휴대용 의료전자장비용 여분(보조) 배터리 리튬메탈배터리: 리튬함량 2~8그램 리튬이온배터리: 100와트시(Wh) 초과~160와트시(Wh) 이하 • 항공사 승인 필요	×	◎	◎

출처 한국교통안전공단

표 4.3 제한적으로 운반 가능한 품목(소비재)

물품 또는 물건	부치는 짐 (위탁 수하물)	기내 휴대 (휴대 수하물)	몸에 소지
리튬배터리가 장착된 전자장비(카메라, 휴대전화, 노트북 등) 리튬메탈배터리: 리튬함량 2그램 이하 리튬이온배터리: 100와트시(Wh) 이하	◎	◎	◎
여분(보조) 리튬배터리 리튬메탈배터리: 리튬함량 2그램 이하 리튬이온배터리: 100와트시(Wh) 이하 • 1인당 5개까지(외국항공사인 경우 반입 가능 수량이 다를 수 있음) • 단락 방지 조치(단자 부위 테이프 처리 또는 배터리를 각각 비닐봉투에 넣음)	×	◎	◎
리튬이온배터리가 장착된 전자장비 리튬이온배터리: 100와트시(Wh) 초과~160와트시(Wh) 이하 • 항공사 승인 필요	◎	◎	◎
여분(보조) 리튬배터리 리튬이온배터리: 100와트시(Wh) 초과~160와트시(Wh) 이하 • 항공사 승인 필요 • 1인당 2개까지 • 단락 방지 조치(단자 부위 테이프 처리 또는 배터리를 각각 비닐봉투에 넣음)	×	◎	◎
전자담배 리튬메탈배터리: 리튬함량 2그램 이하 리튬이온배터리: 100와트시(Wh) 이하 • 여분배터리 단락 방지 조치(단자 부위 테이프 처리 또는 배터리를 각각 비닐봉투에 넣음)	×	◎	◎
연료전지가 장착된 전자장비(카메라, 휴대전화, 노트북 등) • 액체연료는 200ml까지 • 고체연료는 200그램까지 • 액화가스 비금속 120ml까지, 금속 200ml까지 • 1인당 2개까지	×	◎	◎
여분(보조) 연료전지 카트리지 • 액체연료는 200ml까지 • 고체연료는 200그램까지 • 액화가스 비금속 120ml까지, 금속 200ml까지 • 1인당 2개까지	◎	◎	◎
드라이아이스 • 항공사 승인 필요 • 1인당 2.5kg까지 • 상하기 쉬운 물품을 포장, 운송하기 위해서 사용되는 것에 한함	◎	◎	×
스포츠용 또는 가정용 에어로졸(독성 등이 없어야 함) • 개당 0.5리터 이하(총 4캔까지 허용)	◎	×	×
안전성냥 • 1인당 1개만 허용(소형)	×	×	◎
딱성냥 • 1인당 1개만 허용(소형)	×	×	×
소형 라이터 • 1인당 1개 • 중국: 휴대·위탁 모두 금지	×	×	◎
라이터 연료	×	×	×
자동팽창형 구명 재킷 • 항공사 승인 필요 • 1인당 1개만 허용	◎	◎	◎

출처 한국교통안전공단

표 4.4 제한적으로 운반 가능한 품목(이미용품)

물품 또는 물건	부치는 짐 (위탁 수하물)	기내 휴대 (휴대 수하물)	몸에 소지
에어로졸을 포함한 세면용품 • 개당 0.5리터 이하(총 4캔까지 허용)	◎	◎	◎
탄화수소 가스가 들어있는 헤어롤기 • 1인당 1개 허용(리필 가스는 불가)	◎	◎	◎

출처 한국교통안전공단

그림 4.23 운송 제한 강화 품목

출처: 한국교통안전공단

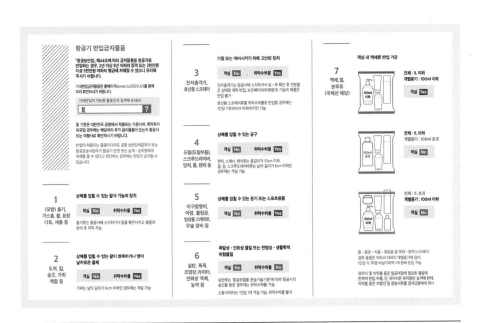

그림 4.24 항공기 반입 금지 물품 체크리스트

출처: 한국교통안전공단

승객은 위탁 수하물 내에 전자 기기를 반입하여서는 안된다. 어떤 전자 기기는 항공기 운항 시 운항 시스템이나 민간 항공 관리국에 영향을 미치기도 한다. 아래 품목들은 기내 반입시 작동 되지 않도록 유의 해야한다.

- 라디오 송신기
- 쌍방 호출 장치
- 전자 완구

핸드폰우 이착륙시 반드시 전원을 치단하여아 하며, 기내에서는 기내 모드로 변환 시켜야 한다. 아래 항목들은 좌석 벨트 사인이 꺼지고 무선 네트워크 사용이 차단될 때 사용이 가능하다.

- 비디오카메라
- 컴퓨터 게임기
- 라디오 수신기
- 랩 탑 컴퓨터

항공사여객서비스개론
Airline Passenger Service

A. Unchecked Baggage는 기내에 반입 가능한 무료 수하물을 의미한다..

  ⓐ True

  ⓑ False

B. Checked Baggage의 허용량은 일반적으로 소아와 유아 모두 동일하게 적용된다.

  ⓐ True

  ⓑ False

C. 항공권 발권 시 GDS에서 탑승 클래스에 따라 무료 허용 수하물 규정을 표기한다.

  ⓐ True

  ⓑ False

D. 무료 수하물 규정은 국제 수하물 규정에 원칙하에 동일하게 적용한다..

  ⓐ True

  ⓑ False

E. 빈 칸에 알맞은 말을 고르시오.

승객 소지 수하물이란, 승객이 _____ 하는 동안 몸에 지니거나 사용
하는 수하물을 의미한다.

ⓐ 비행

ⓑ 수속

ⓒ 공항내 환승

ⓓ 여행

F. 동물 운송은 반드시 Checked Baggage로 운송 되어야 한다.

ⓐ True

ⓑ False

Answer Key
A. ⓐ   B. ⓑ   C. ⓐ   D. ⓑ   E. ⓑ   F. ⓑ

Airline
Passenger
Service

Chapter

05

항공 스케줄

OAG를 통한 스케줄 판독

승객들은 OTAOnline Travel Agency가 제공하는 웹사이트에서 항공 스케줄을 확인하게 된다. 과거에는 여행사, 혹은 항공사 직원이 OAGOfficial Airline Guide를 통한 스케줄 확인을 이용하였으나, 지금은 항공 예약 시스템GDS의 발달에 따라 항공 예약 시스템을 통한 스케줄 조회를 사용하여 승객에게 온라인 상으로 정보를 제공하고 있다.

온라인 상으로 항공 스케줄을 조회하는 절차는 아래와 같다.

① 출발 도시 확인 하기

② 목적지 확인 하기

③ 두 도시간 스케줄 확인 하기

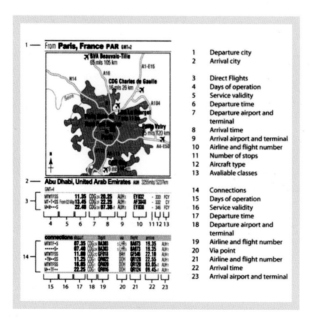

그림 5.1
OAG 스케줄 표기 방식

1	Departure city
2	Arrival city
3	Direct Flights
4	Days of operation
5	Service validity
6	Departure time
7	Departure airport and terminal
8	Arrival time
9	Arrival airport and terminal
10	Airline and flight number
11	Number of stops
12	Aircraft type
13	Avaliable classes
14	Connections
15	Days of operation
16	Service validity
17	Departure time
18	Departure airport and terminal
19	Airline and flight number
20	Via point
21	Airline and flight number
22	Arrival time
23	Arrival airport and terminal

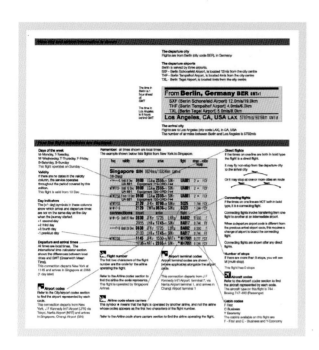

그림 5.2
OAG 스케줄 표기 방식 세부 내용

Departure city name	Country where city is located	City code	City time relative to GMT

From New York, NY, USA   **NYC GMT-4**

EWR (Newark Liberty Intl) 16mls/26km
HPN (Westchester County) 30mls/48km
JFK (John F Kennedy Intl) 12mls/19km
LGA (La Guardia) 8.0mls/13km

그림 5.3   OAG 도시 코드 표기 방식

그림 5.4
OAG 스케줄 표기를 통한 여정 확인

days	validity	depart	arrive	flight	stops	cabin equip

From Aalborg, Denmark AAL GMT+2

Aalborg Airport 4.0mls/6.0km

Alicante ALC 1383mls/ 2225km GMT+2

| ···T··· | | 1050 | 1410 | DY5596 | - 73H | FY |
| ·····S· | | 1930 | 2250 | DY5596 | - 73H | FY |

Amsterdam AMS 388mls/ 624km GMT+2

MTWTFSS		0625	0750	*KL1332	- E90	CY
MTWTFSS		1210	1335	*KL1334	- F70	CY
MTWTFSS		1815	1940	*KL1336	- E90	CY

Athens, Greece ATH 1470mls/2365km GMT+3
connections   depart   arrive   flight

MTWTF·· From 29Apr	0705		0755	CPH1	SK1202	- 321	CY
	0850	CPH3	1305		SK777	- 321	CY
MTWTF·· 2-25Apr	0705		0755	CPH1	SK1202	- 321	CY
	0850	CPH3	1305		SK777	- 321	CY
·····S·	1330		1410	CPH1	SK1214	- M81	CY
	1520	CPH3	1935		SK777	- 320	CY

항공사는 자사가 사용하는 항공기를 직접 생산하지 않으며, 항공기 생산 회사로 부터 구매하는 방식을 선택한다. 상업용 항공기를 제조하는 회사 중 Boeing사와 Airbus사가 Narrow body, Wide body항공기를 생산하는 주요 회사이다. Bombardier와 Embraer는 소형 경비행기 주요 생산 회사이며, 이 4회사들은 오늘날 대부분의 항공사로부터 항공기를 주문 받아, 제작하고 있다.

항공기의 수용 능력, 즉 각 항공기가 수송할 수 있는 승객의 수는 항공기 유형과 좌석 배치에 따라 매우 다양하며, 운항 항공사에 의해 결정된다. 일반적으로, 대형 항공기는 보다 많은 승객을 수송 가능하게 하며, 항공 기종에 따른 좌석 배치를 통 해 수송 가능한 승객 수를 제한한나.

근래에 개발된 상업용 Wide-body 모델 중 하나인 에어버스 380은 에어버스사 에서 제작한 2층 구조로 구성된 항공기이며, 항공기 내부가 아래층Lower Deck, 혹은 Main Deck, 위층Upper Deck으로 구성되어 있으며, 동체 길이만 해도 50미터에 달한다.

A380기종은 현재 운항하고 있는 항공기 중 가장 많은 승객을 수송할 수 있으며 항공사마다 조금씩 다르긴 하지만 최대 800명 이상의 승객을 운송할 수 있도록 설 계되어 있다. 평균 좌석 수는 407~644석이며, 2개층 모두 좌석을 배치하여 기내에 는 위층으로 이동 가능한 계단이 앞쪽과 뒤쪽 2군데가 있다.

표 5.1 기종 별 평균 좌석수와 비행 가능 시간

Aircraft Type	Average number of passenger seats	Average Flight Time
Regional Jet	70~100	1~3시간
Narrow Body	130~250	4~5시간
Wide Body	250~400	6시간 이상

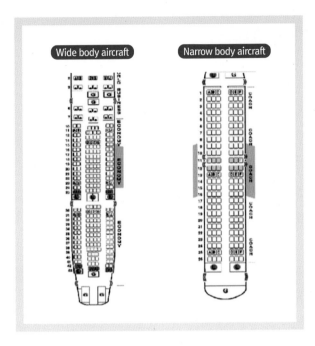

그림 5.5
Wide body(좌)와
Narrow body(우)의 기내 좌석 배치도

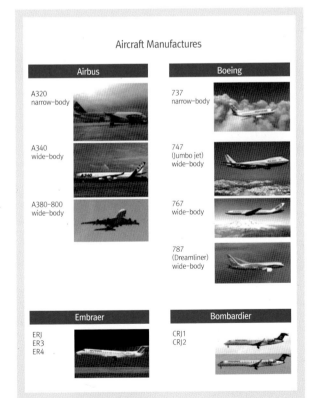

그림 5.6
항공기종 별 사용 코드와 유형

항공 스케줄 온라인 조회

항공 스케줄 정보는 온라인 상에서도 조회가 가능하다.

스케줄에 대한 정보는 항공사, 공항, OTA Online Travel Agency 웹사이트에서 확인할 수 있으며, 빠른 출발 시간부터 시간 순으로 조회가 가능하다.

항공 스케줄은 인터넷의 발달과 항공 시스템의 자동화로 인해 연결편이 있는 항공의 스케줄도 항공사 별로 매우 다양하게 고객에게 제공이 되므로, 여행사 직원의 역할이 예전보다는 줄어들었다고 볼 수도 있다. 하지만, 급격한 수요와 공급의 증대로 인해 항공 시장은 급속도로 발전하게 되었고, 특히 한국 내 항공 시장의 온라인 시스템 구축은 세계 어느 나라보다 빠르기 때문에, 국내 여행사의 온라인 시스템은 다른 해외 사이트 보다 훨씬 더 자세하고 사용사의 편의를 위하여 구축되었다고 볼 수 있다.

인천공항에서 [덴파사르 ▾] 까지 가는 항공편 [🔍 검색]

실제와 상이할 수 있으므로 정확한 정보는 해당 항공사에 문의하시기 바랍니다. ⬇ excel

운항편명	항공사	출발시간	목적지	터미널	운항요일							운항기간
					월	화	수	목	금	토	일	
DL7695	▲DELTA 델타항공	16:05	DPS	T2				●			●	2020.10.01~2020.10.22
DL7872	▲DELTA 델타항공	17:50	DPS	T2	●	●	●	●		●	●	2020.10.01~2020.10.24
GA871	Garuda Indonesia 가루다인도네시아	11:25	DPS	T2	●	●	●	●	●		●	2020.09.01~2020.10.24
GA9961	Garuda Indonesia 가루다인도네시아	16:05	DPS	T2				●			●	2020.10.01~2020.10.22

그림 5.7 인천 공항 출발 타임 테이블 예시

출처: www.airport.kr

그림 5.8 　온라인 여행사 출발 타임 테이블 예시

출처: 인터파크여행사 온라인 사이트

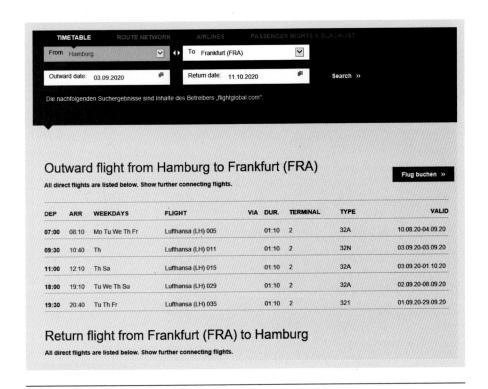

그림 5.9 　함부르그 공항 출발 타임 테이블

출처: www.hamburg-airport.de

표 5.2 0

	구분	내용
1	Dep	현지 출발 시간: Local Departure Time (24-hour clock)
2	Arr	현지 도착 시간: Local Arrival Time (24-hour clock)
3	Weekdays	항공편 운항 요일: Days the flight operates
4	Flight	항공사 및 항공편: Airline and Flight number
5	Via	연결 편 사용 시 환승 공항: Connecting Airport Code
6	Dur.	비행 시간: Duration of the journey
7	Term.	연결 공항에서의 터미널 번호: Terminal number at connecting airport
8	Type	항공 기종: Aircraft type code
9	Valid	항공 스케줄 적용 기간: Period during which the flight operates (day/month/year)

04 항공 스케줄 GDS 조회

GDS 시스템은 항공 전문가들이 항공 스케줄을 확인하는데 있어서 가장 전문적인 방식을 제공한다. Amadeus, Sabre, Galileo 3가지 주요 GDS 시스템은 대부분의 항공 스케줄을 제공할 수 있다.

타임 테이블에 표시되는 요일은, 아래와 같이 표기한다.

- 1=Monday
- 2=Tuesday
- 3=Wednesday
- 4=Thursday
- 5=Friday
- 6=Saturday

- 7=Sunday
- D=Daily
- X=Except

GDS를 통한 여정 조회는 각 GDS마다 표기 방식이나 사용 지시어 등이 차별화되어 있으나, 요일 표기 방식, 항공편과 출발, 도착 시간, 출발/도착 터미널이나 운항기종, 비행 시간 등 공통적으로 동일하게 정보를 제공하고 있으므로 어느 시스템을 사용하여도 판독 방식은 같다.

예를 들어, 그림 5.10의 아마데우스 시스템을 통한 대한항공의 여정 정보는 대한항공이 아마데우스 시스템과 그 외의 다양한 시스템, 즉 갈릴레오_{트래블포트}, 세이버 등 다른 GDS시스템에도 동일하게 스케줄 제공을 하고 있으므로, 어느 GDS를 사용하더라도 동일한 정보를 제공 받을 수 있다.

```
TN6JUNICNBKK/AKE
** AMADEUS TIMETABLE - TN ** BKK BANGKOK.TH                06JUN21 13JUN21
  1   KE 657  D    ICN 2 BKK    0930    1315    0 28MAR21 30OCT21 77W  5:45
  2   KE 651  D    ICN 2 BKK    1805    2145    0 28MAR21 30OCT21 773  5:40
  3   KE 659  D    ICN 2 BKK    1945    2350    0 29MAR21 30OCT21 333  6:05
```

그림 5.10 타임 테이블 by Amadeus(인천-방콕/대한항공)

```
TN6JUNICNBKK/ATG
** AMADEUS TIMETABLE - TN ** BKK BANGKOK.TH                06JUN21 13JUN21
  1   TG 659  D    ICN 1 BKK    0935    1325    0 28MAR21 30OCT21 359  5:50
  2   TG 657  D    ICN 1 BKK    1020    1410    0 28MAR21 30OCT21 788  5:50
  3   TG 635  D    ICN 1 BKK    1730    2250    1 28MAR21 30OCT21 359  7:20
```

그림 5.11 타임 테이블 by Amadeus(인천-방콕/타이항공)

```
TN10DECICNIST/AKE
** AMADEUS TIMETABLE - TN ** IST ISTANBUL.TR                    10DEC20 17DEC20
  1   KE 955  1357 ICN 2 IST     1415     2015     0 25OCT20 26MAR21 789 12:00
```

그림 5.12 타임 테이블 by Amadeus(인천-이스탄불/대한항공)

```
>S10DECICNIST#KE
 10DEC  THU - 24DEC  THU    ICN/Z#9      IST/-6
 1KE     955 ICNIST    1415 2015     789  0 1.3.5.7 02DEC-26MAR
 2KE/EY 7901 ICNAUH    0015 0550     789  0 1234567 04DEC-15MAR
 3EY      97     IST   0930 1330     321  0 1234567 04DEC-15MAR
 4KE/EY 7901 ICNAUH    0015 0550     789  0 1234567 04DEC-15MAR
 5TK/EY 8051     IST   0930 1330     321  0 1234567 04DEC-15MAR
 6KE     901 ICNCDG    1400 1830     388  0 1234567 01DEC-27MAR
 7AF    1390     IST   2240 0410#1   320  0 ...4.6. 01DEC-27MAR
 8KE     957 ICNTLV    1435 2000     772  0 .2.4.6. 01DEC-25MAR
 9TK     /91     IST 1#0100 0415     333  0 12.45.7 01DEC-25MAR
10KE     893 ICNPVG    0825 0945     333  0 1234567 01DEC-27MAR
11TK      27     IST   2305 0555#1   77W  0 1234567 01DEC-27MAR
>
```

그림 5.13 타임 테이블 by Sabre(인천-이스탄불/대한항공)

05 음성 문자 The Phonetic Alphabet

항공사와 여행사는 정확한 의사소통과 업무의 정확성을 위해 영문 알파벳 사용 시 발음을 나타내는 언어를 사용하는 방식으로 사용한다. 예약 시 필요한 영문 이름, 각종 서류들은 정확한 영문 철자가 요구되며, 예약 코드를 전달 하거나 전달 받을 시 올바르게 받기가 쉽지 않을 경우가 많다. 특히 전화를 통한 정보 전달 시 알파벳을 정확하게 전달 하기에는 어려움이 따른다. Phonetic Alphabet은 항공 예약이나 발권 시, 혹은 여러 다양한 목적으로 알파벳을 사용할 경우 발생하는 실수를 줄

표 5.3 Phonetic Alphabet의 예

A	ALPHA	B	BRAVO	C	CHARLIE
D	DELTA	E	ECHO	F	FATHER
G	GOLF	H	HOTEL	I	INDIA
J	JULIET	K	KILO	L	LIMA
M	MICHAEL	N	NOVEMBER	O	OSCAR
P	PAPA	Q	QUEBEC	R	ROMEO
S	SIERRA	T	TANGO	U	UNIFORM
V	VICTORY	W	WHISKY	X	X-RAY
Y	YANKEE	Z	ZULU		

일 수 있다. 항공사와 여행사는 국제적으로 사용하는 Phonetic Alphabet이 다양하게 있으며, 표 5.3은 가장 대표적으로 사용하는 한 예이다.

Key Learning Point

항공 스케줄을 확인하는 3가지 주요 방식 즉, OAG(Official Airline Guide), 인터넷, GDS 중 여행사와 항공 전문가가 사용하는 방식은 GDS 사용 방법이다. GDS 사용시 기호화된 항공사 코드와 도시 코드를 사용하여 스케줄을 조회하고 판독할 수 있다.

항공사는 계약된 각 GDS사에 동일한 스케줄과 좌석 상황을 실시간으로 제공하며, 다양한 GDS를 통하여 항공 전문가는 여러 항공사의 스케줄과 좌석 상황, 운임과 그 외의 다양한 정보를 제공받을 수 있다.

**아래 스케줄 표(Amadeus System)를 보고 답하시오.(A~E)

ICN–Incheon/IST–Istanbul

```
** AMADEUS TIMETABLE - TN ** IST ISTANBUL.TR            10APR21 17A
  1   KE 955  X24  ICN 2 IST    1340    1940    0 28MAR21 31MAY21 77W 12:00
```

A. GDS에서 보여지는 항공 스케줄은 인천에서 이스탄불로 가는 편도 스케줄이다.

　ⓐ True

　ⓑ False

B. 운항 항공 기종은 보잉 77W이다.

　ⓐ True

　ⓑ False

C. 일주일에 총 2번 운항하는 스케줄이다.

　ⓐ True

　ⓑ False

D. KE955편의 비행시간은 총 19시간 40분이 걸린다.

　ⓐ True

　ⓑ False

항공여객서비스개론

E. GDS에서 보여지는 항공 스케줄은 직항 스케줄이다.

　ⓐ True

　ⓑ False

**아래 스케줄 표를(Sabre System) 보고 답하시오.(F~H)

```
>S10MARICNBKK#OZ
 10MAR  TUE - 24MAR  TUE   ICN/Z#9     BKK/-2
  1OZ/TG 6761 ICNBKK   0935 1330     359  0 1234567 21DEC-28MAR
  2OZ     741 ICNBKK   1805 2200     388  0 1234567 15JAN-28MAR
  3OZ     743 ICNBKK   2020 0020#1 333  0 1234567 27OCT-28MAR
  4OZ/TG 6763 ICNBKK   2125 0120#1 777  0 1234567 16DEC-28MAR
  5OZ/BX 8823 GMPPUS   1730 1825     320  0 1234567 04MAR-15MAR
  6OZ/TG 6765    BKK 1#0830 1220     330  0 1.345.7 04MAR-15MAR
```

F. GDS에서 보여지는 항공 스케줄은 모두 직항 스케줄이다.

　ⓐ True

　ⓑ False

G. 인천에서 방콕으로 가는 직항 편은 모두 몇 편인가?

　ⓐ 1

　ⓑ 2

　ⓒ 4

　ⓓ 6

H. 다음 중 보잉 기종으로 운항하는 항공편은?

　ⓐ OZ6761

　ⓑ OZ741

　ⓒ OZ6763

　ⓓ OZ6765

**아래 스케줄 표를 보고 답하시오.(I~L)

```
TNMADNYC
** AMADEUS TIMETABLE - TN ** NYC NEW YORK.USNY              24SEP20 01OCT20
1    DL 127   146   MAD 1 JFK 4   1120      1330    0 10SEP20 24OCT20 333   8:10
2DL:AF3668   146   MAD 1 JFK 4   1120      1330    0 10SEP20 24OCT20 333   8:10
3    UX 091   6     MAD4S JFK 4   1515      1745    0 26SEP20 26SEP20 789   8:30
4UX:DL6743   6     MAD4S JFK 4   1515      1745    0 26SEP20 26SEP20 789   8:30
5    IB6253   2467  MAD4S JFK 7   1640      1915    0 01SEP20 01OCT20 330   8:35
6IB:AA8647   2467  MAD4S JFK 7   1640      1915    0 24SEP20 01OCT20 330   8:35
7NI*TP1021   1     MAD 1 LIS 1   1815      1835    0 CONNECT LIS      E90
     TP 207   1     LIS 1 EWR B   1940      2240    0 28SEP20 28SEP20 339  10:25
8NI*TP1021   26    MAD 1 LIS 1   1815      1835    0 CONNECT LIS      E90
     TP 207   26    LIS 1 EWR B   1940      2240    0 26SEP20 29SEP20 32Q  10:25
9    TP1021   47    MAD 1 LIS 1   1815      1835    0 CONNECT LIS      319
     TP 207   47    LIS 1 EWR B   1940      2240    0 24SEP20 27SEP20 32Q  10:25
```

I. 다음 설명 중 틀린 것은?

　ⓐ TP207 편은 목, 일요일만 운항한다.

　ⓑ DL127 편의 비행시간은 8시간 10분이다.

　ⓒ 9월 24일 오후 15시 15분 출발 편을 예약하려면 UX091을 이용해야 한다.

　ⓓ AA8647 편은 에어버스로 운항하는 직항 편이다.

J. DL127 편의 항공기 타입은 무엇인가?

    ⓐ a narrow-body jet

    ⓑ a wide-body jet

    ⓒ a regional jet

    ⓓ a long-body jet

K. 8번 스케줄의 경유지를 음성 문자로 읽어보세요.

L. Madrid에서 New York까지 스케줄 중 월요일에 운항하는 직항 편을 고르시오.

    ⓐ DL127

    ⓑ UX0912

    ⓒ IB6253

    ⓓ TP1021

Answer Key

A. ⓐ   **B.** ⓐ   **C.** ⓑ   **D.** ⓑ   **E.** ⓐ   **F.** ⓐ   **G.** ⓒ   **H.** ⓒ   **I.** ⓐ   **J.** ⓑ
K. Lima India Smile   **L.** ⓐ

Airline
Passenger
Service

Chapter

06

항공 용어
Industry
Code

다른 산업 분야와 마찬가지로 항공 산업 분야도 자체 내에서 사용하는 고유의 언어가 있다. 항공사에서 업무 시 사용하는 특수화된 기호나 부호, 혹은 문장 등과 약어에 대한 이해를 통해 항공사 업무에 대해 좀 더 자세히 살펴보기로 한다.

항공사 코드의 습득을 통해 업무 시 원활한 업무 소통과 절차 등에 대해 파악하고 확실한 정보를 전달 받을 수 있으며, 여행사와 항공사는 효율적이고 잘못된 정보 입력에 대한 위험을 최소화하면서 예약을 진행하거나 다양한 서비스를 제공할 수 있게 된다.

이 장에서는 가장 기본적인 항공사 자체 코드와 도시 코드, 공항 코드, 국가 코드, 적용 화폐 단위 뿐 아니라, 승객에게 제공되는 서비스 코드, 기내식 코드, 항공 기종 등 다양한 코드들에 대한 이해를 돕고자 한다.

01 항공 용어 정의

항공 운송 산업에 종사하게 되면, 무엇보다도 항공 전문 용어에 익숙해지는 것이 중요하다. 승객에게 제공하는 서비스를 특화된 전문 용어로 풀이하여 이해하고 적용할 수 있어야 효율적인 업무가 이루어지며, 습득하지 못할 경우, 서비스에 대한 이해가 어려우므로 업무 진행이 아예 불가 하기도 하다. 아래 테이블을 통해 가장 유용하게 사용하는 전문 용어들에 대해 그 정의와 내용을 살펴보기로 하자.

항공 운송 업무 시 특별한 의미를 지닌 코드와 같이 업무 시 사용하는 전문 언어를 항공 용어, 즉 Industry code라고 부르며, 이러한 전문 언어는 승객에게 제공되는 서비스와 시설에 대한 코드 유형이 대부분이다. 항공 지상직과 여행사 직원은 기본적으로 항공사 코드, 도시/공항 코드, 항공 기종 코드, 국가 코드, 각 종 승객 서비스 코드 등을 숙지하여 승객 서비스의 전문성을 높일 수 있다.

표 6.1 항공 용어 정리(1)

Term	Definition
Availability	Term used to represent the number of seats remaining for purchase.
Booking	This is a selection of flights reserved with an airline, for a passenger's intended journey. Equivalent terms include reservation and PNR (a computer record).
Booking form	A form completed by a travel agent when a booking is create that records details of the customer's name, contact address and telephone number, itinerary, payment details and booking conditions.
Baggage	Personal items carried by a traveler, such as clothes, camera equipment and other articles related to the journey.
Baggage allowance	Refers to the amount of luggage each passenger is permitted to transport free of charge.
Baggage tag	1. An ID tag with the owner's name and address that is attached to any piece of luggage as a means of owner identification. 2. A tag issued at airport check-in, bearing an airline issued tag number that is used to identify checked baggage.
Baggage claim area	An area in an airport where arriving passengers can collect their baggage.
Billing and Settlement Plan (BSP)	A reporting system for collecting ticket payments from agents and distributing the funds to the appropriate airlines.
Boarding pass	This is normally issued at check-in, in exchange for passenger's electronic ticket coupon. A boarding pass or card that indicates the class and seat number allocated to a passenger.
Check-in	Formalities undertaken by a passenger at an airport before departure, including the checking of passenger documents, allocation of seats and issue of boarding pass and baggage tags.
Cancellation fee	A monetary penalty levied by airlines when a passenger fails to use a reservation.
Carrier	A passenger or cargo airline.
Charter (flights)	This means to contract for the complete and exclusive use of an aircraft. The term often refers to flights operated by tour companies to resort or popular holiday destinations during high season.
Child	A passenger between 2 and 12 years of age.
Commission	Amount of money earned from the sale of flights and other services; commission is usually a percentage of the sale price.
Code share	This refers to a single flight on which space is shared and sold by two or more airlines. A ticket may be issued under the code of either airline and the flight may have two or more flight numbers.
Computer reservations system (CRS)	This is a computerized system used to access information about schedules, availability, fares and other travel formalities. A CRS is a means of communication between agents and airlines, through which reservations can be made and tickets and itineraries issued. Most CRS information may be accessed through a GDS.
Conditions	Conditions refer to a booking and the rules of contract between, e.g., an agent and his customer. This relates to cancellation/administration charges, date change conditions, passport, visa and health requirements-in addition, any other general terms and conditions established by travel agencies or carriers.
Configuration	This refers to the arrangement of seats on an aircraft.
Confirmed reservation	A definite booking, where seats are available and a reservation has been created under a passenger's name.
Connecting flight	A flight that requires the passenger to change aircraft as part of the itinerary and delivers a passenger to another aircraft in another city.
Customs	The control and regulation of country imports and exports.
Destination	The place to which a passenger is going or stopping.

표 6.2 항공 용어 정리(2)

Term	Definition
Direct flight	This is a flight which normally does not require passengers to change aircraft between the starting point and destination. A direct flight operates under a single flight number (see definition of flight number below). It may set down at an airport en route between the flight's origin and final destination cities. At this stage, passengers who have not yet arrived at their final destination will remain on board or leave the aircraft temporarily to wait in the airport transit lounge The purpose of an intermediate stop or set down is to allow some passengers to disembark and/or to pick up new passengers.
Downgrade	This is to be moved to a lower class of service. It sometimes happens when a smaller aircraft is used on a route normally served by a larger one, or in an overbooking situation. For example: a business-class passenger may be downgraded to travel in the economy cabin because all seats in business class have been assigned by the time he arrives to check-in at the airport.
Electronic Ticket (E-Ticket)	This is a non-paper ticket allowing the passenger to check in with a confirmation code and personal identification. A paper receipt may still be issued, but is not required for travel.
Endorsement	Authority for travel documents issued by one airline to be used for travel on another airline.
Estimated time of arrival/ departure (ETA/ETD)	ETA-time at which an aircraft is expected to arrive at its destination. ETD-time at which an aircraft is expected to depart.
Excess baggage	This is a passenger's baggage presented at check-in that is in excess of the free allowance because it is oversize or overweight. A charge is payable for excess baggage.
Flight coupon	The part of a ticket that displays the details of a reserved flight on which the named passenger is entitled to travel.
Flight number	This is an alphanumeric code, made up of a 2-character airline code plus 1-4 numbers, assigned to a particular route, e.g., LX352 refers to a Swiss International Airlines flight.
Gateway	The international arrival/departure point in an airline's home country.
GDS	A GDS is a computerized system used to access information about schedules, availability, fares, and other travel formalities, and to book airline seats, hotel rooms, and rental cars. These systems are global in nature and are non-biased, representing all travel suppliers equally.
Go-show	A passenger who wishes to check-in for a flight without a reservation.
Infant	Passengers who have not yet reached their second (2nd) birthday.
International date line	This is the imaginary line at approximately 180° longitude in the Pacific ocean where, by international agreement, the earth's day begins. (See Geography in Travel Planning 1 Module for more information on time zones.)
Issuing carrier	This is the airline whose three-digit airline ticket designator is part of the ticket number. For example, ticket number 074 4435 123 098 belongs to issuing airline KLM Royal Dutch Airlines because the designator code "074" is unique to KLM.
Itinerary	This is a description of a customer's travel plans according to all flights booked. Itineraries are part of a reservation record in a booking system and also printed in the passenger itinerary receipt coupon. Here is a list of the information included in an itinerary. • booked carrier name and flight numbers • times of operation • airport terminal details • check-in times • reconfirmation information • details of any other travel formalities relevant to the passenger's journey

표 6.3 항공 용어 정리(3)

Term	Definition
Minimum connecting time (MCT)	This refers to the shortest time interval necessary for transferring from one flight to another at an airport. Each airport publishes MCTs on their website. Reservation systems (GDS) are programmed with all MCTs and flight availability displays respect the MCT when constructing an indirect itinerary.
Neutral unit of construction (NUC)	A unit of common international value, such as a currency, established by IATA to assess international air fares and charges.
No-show	A passenger holding a flight reservation who fails to use and cancel it prior to the flight departure.
On request	Defines the status of a flight seat request as "not yet confirmed".
Open ticket	A ticket which has been issued for a set journey but for which a specific date has yet to be booked and entered.
Origin	The starting point at which a journey commences.
Overbooking	A situation in which more seats have been sold than are available seats on an aircraft.
Passenger	A traveler on public transport.
Passenger coupon or receipt	The portion of a passenger's ticket and baggage check issued by or on behalf of an airline, which states the airline's contractual obligations to the passenger (contract of carriage).
Passenger name record (PNR)	A PNR is a unique computerized file reflecting a reservation for flights, hotel rooms, and car rentals. A PNR is created by the booking agent and is used to communicate passenger details and intended flight itinerary as well as other requests and information relevant to the airline (also referred to as a booking).
Reconfirmation	This is the process of making sure that the originally booked flight number and departure time have not changed. The process involves visiting the airline's website to check the flight number and departure time. A passenger may also telephone the airline to verify the reservation and departure time.
Refund	Reimbursement to the purchaser of all, or a portion of a fare for an unused service.
Revalidation	The procedure to update an electronic ticket with the details of new flights reserved, replacing originally reserved flights.
Season	This is the period during which a ticket is valid for travel, as determined by the fare that is paid. High season applies to busy times of the year when lots of people choose to travel (e.g., school holidays) causing ticket prices to be at their highest. Low season refers to periods when there are fewer passengers traveling, when ticket prices for the same journey generally cost less.
Stand-by	The term refers to a traveler who has no reservation but is prepared to travel on a fully booked flight by waiting to see if a seat becomes available (no-show) at the last minute.
Stopover	Deliberate interruption of a journey, planned by the passenger, at a place between the origin and destination.
Terminal	The airport area where the formalities/procedures for departing and arriving passengers take place.
Transfer	The process of transporting passengers from one airport terminal to another, or perhaps from an airport terminal to a local hotel (usually by bus).
Transit passenger	These are passengers who temporarily wait at an airport between their departure and destination airports. They will be required to remain in a designated area of an airport called a transit lounge. Passengers normally remain in transit for up to 24 hours. However, most connecting flights depart within a couple of hours. On longer transits, passengers may be transported to an airport hotel.
Unaccompanied minor (UM)	This refers to a child up to the age of 12 who travels alone, not accompanied by an adult. Airlines require travel agents to inform them of any unaccompanied minors reserved on flights so that suitable arrangements to look after them in transit and on board can be made. Occasionally, an airline may refuse to carry unaccompanied children of any age.
Waitlist	Passengers awaiting confirmation of a requested flight(s) that is/are currently fully booked are normally listed for their preferred flights and confirmed on a second choice in the event that the airline cannot confirm them from a waitlist.

Chapter 06 항공 용어 Industry Code

항공사 코드

항공 업무 진행 시 항공사 코드에 대한 지식과 도시, 공항 코드에 대한 판독 능력이 무엇보다도 요구된다. 도시와 공항 코드는 기본 3자리 코드를 사용하지만, 항공사 코드는 2자리 코드를 사용하여 표기한다.

아래 표는 국적 항공사와 해당 항공사 코드, 승객들이 많이 사용하는 주요 항공사 코드와 해당 항공사 본사, 소속 항공 동맹체, 수송 실적 등 에 대한 내용이다.

표 6.4 국적 항공사(FSC, LCC) 코드

Service Type	Airline Name/National Carrier	Airline Code	Remarks
FSC	Korean Air	KE	
FSC	Asiana Airlines	OZ	
LCC	Jeju Air	7C	
LCC	Jin Air	LJ	
LCC	Tway Air	TW	
LCC	Air Busan	BX	
LCC	Eastar Jet	ZE	
LCC	Air Seoul	RS	
LCC	Fly Gangwon	4V	
LCC	Aero K	RF	
LCC	Air Premia	YP	

표 6.5 주요 항공사 코드

Rank	Airline name	Airline code	Headquarter Country	Alliance	Passengers carried (m = million)
1	Ryanair	FR	Ireland	-	79m
2	Lufthansa	LH	Germany	Star Alliance	50m
3	easyJet	U2	United Kingdom	-	44m
4	Emirates	EK	United Arab Emirates	-	37m
5	Air France	AF	France	SkyTeam	33m
6	British Airways	BA	United Kingdom	oneworld	31m
7	KLM	KL	Netherlands	SkyTeam	25m
8	United Airlines	UA	USA	Star Alliance	24m
9	Air Berlin	AB	Germany	Star Alliance	23m
10	Turkish Airlines	TK	Turkey	Star Alliance	22m
11	Delta Air Lines	DL	USA	SkyTeam	22m
12	American Airlines	AA	USA	oneworld	21m
13	Cathay Pacific Airways	CX	Hong Kong SAR	oneworld	21m
14	LAN Airlines	LA	Chile	oneworld	20m
15	Singapore Airlines	SQ	Singapore	Star Alliance	18m
16	Qatar Airways	QR	Qatar	oneworld	17m
17	Korean Air	KE	South Korea	SkyTeam	16m
18	SWISS	LX	Switzerland	Star Alliance	15m
19	Thai Airways	TG	Thailand	Star Alliance	14m
20	SAS Scandinavian Airlines	SK	Sweden/Denmark/Norway	Star Alliance	13m
21	Air Canada	AC	Canada	Star Alliance	13m
22	Norwegian Air Shuttle	DY	Norway	-	12m
23	Qantas Airways	QF	Australia	oneworld	12m
24	China Eastern Airlines	MU	China	SkyTeam	12m
25	China Airlines	CI	China	Star Alliance	11m

표 6.6 주요 통화 코드

NO		Currency Code	NO		Currency Code
1	KRW	S. KOREAN WON	11	CHF	SWISS FRANC
2	USD	US DOLLAR	12	DKK	DANISH KRONE
3	EUR	EURO	13	NOK	NORWEGIAN KRONE
4	JPY	JAPANESE YEN	14	AUD	AUSTRALIAN DOLLAR
5	THB	THAI BAHT	15	NZD	NEW ZEALAND DOLLAR
6	CNY	YUAN RENMINBI	16	RUB	RUSSIAN RUBLE
7	SGD	SINGAPORE DOLLAR	17	VND	VIETNAM DONG
8	PHP	PHILIPPINE PISO	18	GBP	POUND STERLING
9	HKD	HONGKONG DOLLAR	19	CAD	CANADIAN DOLLAR
10	INR	INDIAN RUPEE	20	IDR	INDONESIAN RUPIAH

```
    --- TST RLR ---
    RP/SELK1394Z/SELK1394Z          AA/SU  25NOV20/0257Z   VJ6F5M
    0123-4576
      1.KIM/KYUNGHAE MS(INFCHOI/MINJOON MSTR/14OCT19)
      2.CHOI/SEOU MISS(CHD/15JUN16)
      3  KE 657 C 10MAR 3 ICNBKK HK2  0915 1315   10MAR  E  KE/VJ6F5M
      4  KE 660 C 30MAR 2 BKKICN HK2  0950 1735   30MAR  E  KE/VJ6F5M
      5 AP 010 123 4567 MS KIM KYUNGHAE
      6 TK PAX OK25NOV/SELK1394Z//ETKE/S3-4/P1-2
      7 TK OK25NOV/SELK1394Z//ETKE
      8 SSR INFT KE HK1 CHOI/MINJOONMSTR 14OCT19/S3/P1
      9 SSR INFT KE HK1 CHOI/MINJOONMSTR 14OCT19/S4/P1
     10 SSR CHLD KE HK1 15JUN16/P2
     11 SSR BBML KE HK1/S3/P1
     12 SSR BBML KE HK1/S4/P1
     13 SSR CHML KE HN1/S3/P2
     14 SSR CHML KE HN1/S4/P2
     15 RM LCTC CNTC IN BKK HYTT HTL
     16 FA PAX 180-3330953621/ETKE/KRW2059400/25NOV20/SELK1394Z/0003
          9911/S3-4/P1
     17 FA PAX 180-3330953622/ETKE/KRW1559000/25NOV20/SELK1394Z/0003
          9911/S3-4/P2
     18 FA INF 180-3330953623/ETKE/KRW204000/25NOV20/SELK1394Z/00039
          911/S3-4/P1
     19 FB PAX 0000000000 TTP/RT OK ETICKET/S3-4/P1
     20 FB PAX 0000000001 TTP/RT OK ETICKET/S3-4/P2
     21 FB INF 0000000002 TTP/RT OK ETICKET/S3-4/P1
     22 FM *M*0
     23 FP CASH
```

그림 6.1 GDS내의 항공사 예약 정보 전달(Amadeus System)

여행사는 GDS라 불리우는 시스템을 사용하여 항공사 스케줄이나 좌석 상황 등의 항공 상품에 대한 조회와 예약을 진행하게 된다. 항공 예약은 GDS를 통하여 완료 되며, PNR, 즉 Passenger Name Record라고 불리우는 예약 번호가 생성되게 된다. GDS PNR은 아래와 같은 정보를 포함하고 있다.

- 1~2. Name Field: 승객 이름
- 3~4. Itinerary Field: 예약된 항공 스케줄
- 5. Phone Field: 승객 연락처 혹은 예약 대행 여행사 연락처
- 11~14. Supplementary Field: 기내 혹은 출발 전 항공사로부터 추가로 제공 받고자 하는 서비스
- 16~18. Ticketing Field: 항공 운임 정보가 포함된 승객 별 항공권 번호
- 15. Remarks Field: 여행사가 추가 정보를 입력하는 목적으로 사용

GDS를 통해 생성된 예약 정보는 항공사에 실시간 전송되며, 항공편뿐 아니라, GDS를 통하여 기차, 렌터카, 호텔 등의 예약도 진행이 가능하다.

여행사가 사용하게 되는 GDS는 여러 가지 종류가 있으나, 대표적인 예가 Amadeus, Sabre, Galileo등이 있으며, 각 시스템들은 사용하는 지시어가 다를 수 는 있으나, 판독하는 방식이나 기본적으로 사용하는 항공사, 도시 코드 등은 동일하게 적용된다.

```
--- TST RLR ---
RP/SELK1394Z/SELK1394Z          AA/SU   24NOV20/1439Z    VFLJK8
0111-1124
 1.KIM/KYUNGHAE MS
 2  KE 657 C 14DEC 1 ICNBKK HK1  0915 1315   14DEC  E  KE/VFLJK8
 3  KE 654 C 20DEC 7 BKKICN HK1  0100 0830   20DEC  E  KE/VFLJK8
 4 AP 010 111 1111 PAX
 5 TK OK24NOV/SELK1394Z//ETKE
 6 FA PAX 180-3330953615/ETKE/KRW2059100/24NOV20/SELK1394Z/0003
        9911/S2-3
```

그림 6.2 GDS내의 항공 예약 진행과 예약 번호 생성 표기

그림 6.2의 예약 사항은 KE 항공사를 이용한 비즈니스석 승객 1명의 좌석이 확약된 예약이며, 예약 번호는 VFLJK8로 표기하고, VICTORY FATHER LIMA JULIET KILO NUMBER EIGHT이라고 읽는다.

예약 번호는 PNR, 즉 Passenger Name Record라고 부르거나, 혹은 Reference Code라고도 부른다.

그림 6.3 GDS를 통하여 발권한 전자 항공권

03 항공 서비스 요청 표기 방식

Special Service Request^SSR

SSR 메시지는 특별 서비스나 요청이 있을 경우 서비스 요청을 위하여 4자리 영문 코드와 함께 사용된다. 특별 기내식이나 휠체어 서비스 등, 혹은 비 동반 소아 서비스 UMNR과 같이 서비스 요청을 해야 할 경우 예약 번호 내에 SSR 메시지를 통하여 요청하는 방식이며 확약이 되기 전까지는 승객에게 서비스 제공을 확신시켜서는 안된다.

서비스 요청 단계에서는 요청 상태인 "NN"의 상태였다가 서비스가 확약 되었을 경우 "KK" → "HK"의 상태로 바뀌면 서비스 제공이 가능하게 된다.

아래 예약 사항을 보면 VGML채식 요청 코드가 HK로 바뀌어 승객 에게 서비스 제공이 가능하다.

```
--- TST RLR ---
RP/SELK1394Z/SELK1394Z          AA/SU   25NOV20/0327Z    VFLJK8
0111-1124
  1.KIM/KYUNGHAE MS
  2  KE 657 C 14DEC 1 ICNBKK HK1  0915 1315   14DEC  E  KE/VFLJK8
  3  KE 654 C 20DEC 7 BKKICN HK1  0100 0830   20DEC  E  KE/VFLJK8
  4 AP 010 111 1111 PAX
  5 TK OK24NOV/SELK1394Z//ETKE
  6 SSR VGML KE HK1/S2
  7 SSR VGML KE HK1/S3
```

그림 6.4 GDS 시스템 내의 특별 요청 사항 중 기내식 신청

147

```
--- TST RLR ---
RP/SELK1394Z/SELK1394Z              AA/SU   25NOV20/0336Z    VFLJK8
0111-1124
  1.KIM/KYUNGHAE MS
  2  KE 657 C 14DEC 1 ICNBKK HK1   0915 1315   14DEC  E  KE/VFLJK8
  3  KE 654 C 20DEC 7 BKKICN HK1   0100 0830   20DEC  E  KE/VFLJK8
  4 AP 010 111 1111 PAX
  5 TK OK24NOV/SELK1394Z//ETKE
  6 SSR VGML KE HK1/S2
  7 SSR VGML KE HK1/S3
  8 SSR WCHR KE HK1/S2
  9 SSR WCHR KE HK1/S3
```

그림 6.5   GDS 시스템 내의 특별 요청 사항 중 휠체어 서비스 신청

표 6.7   자주 사용되는 SSR 코드(1)

Code	Meaning
AVML	Asian vegetarian meal
BSCT	Baby cot/bassinet
BBML	Baby meal
BULK	Bulky baggage
BLND	Blind passenger
CBBG	Cabin baggage (for which extra seating has been purchased) *Specify weight and size, if known.
CHML	Child meal
DEPA	Deportee (accompanied by an escort)
DEPU	Unaccompanied deportee
DEAF	Deaf passenger *Specify if passenger can lip-read.
DBML	Diabetic meal
FQTV	Frequent traveler information
FRAG	Fragile baggage * Specify number, weight, size, if known
LANG	Language assistance required by passenger *Specify language(s) spoken.
MAAS	Meet and assist (perhaps an elderly passenger needing support) *Specify details.
NSSA	No-smoking aisle seat request**

표 6.8 자주 사용되는 SSR 코드(2)

Code	Meaning
NSSW	No-smoking window seat request**
PETC	Passenger traveling with a pet in cabin
RQST	Specific seat request *Include a seat number preference.
SMSA	Smoking aisle seat**
SMSW	Smoking window seat **
STCR	Stretcher passenger
SPML	Special meal requested *Specify type of food.
TWOV	Passenger in transit without a visa
UMNR	Unaccompanied minor (child under 12)
VGML	Vegetarian meal requested
WCHR	Wheelchair required for walking distances
WCHS	Wheelchair required for climbing stairs
WCHC	Wheelchair required from the aircraft door to aircraft seat
XBAG	Excess baggage (Specify number, weight, size, if known)

 Key Learning Point

　항공 전문가는 승객이 기내에서 제공받을 수 있는 특별 서비스를 요청할 수 있어야 하며, 이 요청은 SSR(Special Service Request)를 이용하여 GDS 시스템의 예약 번호 상에 입력 되어야 한다. 만약, 정해진 4자리 코드가 없을 경우 OTHS를 사용하여 서비스 요청을 구체화 시킬 수 있다.

　예를 들어, 승객이 여행시 영어가 전혀 소통 안될 때, 항공사 직원들의 서비스를 고려하여 아래와 같이 정보를 입력할 수 있다. 정해진 코드가 없으므로 OTHS를 사용하여 정보를 기술한다.

```
RP/SELK1394Z/
 1.KIM/KYUNGHAE MS
 2  KE 017 Y 10DEC 4 ICNLAX DK1  1430 0830  10DEC  E  0 388 DB
    SEE RTSVC
 3 SSR OTHS KE PASSENGER SPEAKS KOREAN ONLY
```

그림 6.6 GDS 시스템 내의 OTHS 서비스 정보 입력 표기

📠 Other Service Information Message^{OSI}

OSI 메시지는 항공사의 승객 정보에 대한 내용을 입력하는 사항으로 SSR 사항처럼 확약이나 어떤 서비스를 제공하는 사항이 아니라 정보 전달을 목적으로 한다.

예를 들어, OSI 사항에는 승객이 VIP라는 정보를 전달 한다거나, 승객이 항공사 마일리지 주요 고객이라는 정보 등의 전달로 승객에게 좀더 세심한 서비스를 제공할 수 있게 정보를 담지만, SSR 사항처럼 반드시 의무적으로 제공해야만 하는 사항은 아니다.

OSI 메시지는 3자리, 혹은 4자리 코드를 사용하여 요청된다.

➤ 표 6.9 자주 사용되는 OSI 코드

Code	Meaning
ARR	Arrival information
CONX	Connection information
CTCA	Contact address
CTCH	Contact home telephone
PWCT	Passenger will contact
CONT	Continuing
CTC	Contact information
CTCB	Contact business telephone
CTCT	Contact travel agent telephone
VIP	very important passenger

```
--- TST RLR ---
RP/SELK1394Z/SELK1394Z            AA/SU   25NOV20/0338Z    VFLJK8
0111-1124
 1.KIM/KYUNGHAE MS
 2  KE 657 C 14DEC 1 ICNBKK HK1   0915 1315   14DEC   E   KE/VFLJK8
 3  KE 654 C 20DEC 7 BKKICN HK1   0100 0830   20DEC   E   KE/VFLJK8
 4 AP 010 111 1111 PAX
 5 TK OK24NOV/SELK1394Z//ETKE
 6 OSI KE VIP CEO OF KASA INTL
```

그림 6.7 GDS 시스템 내의 OSI 서비스 정보 입력 표기

항공 전문가는 항공사가 필요로 하는 예약된 승객들의 정보를 OSI(Other Service Information)을 통하여 GDS 예약 번호 상에 표기 할 수 있다.

OSI 정보를 통하여 승객에게 제공되는 서비스에 대한 준비, 혹은 승객의 추가 정보를 통해 예기치 못한 irregular 상태 시 정보 전달이 원활하게 될 수도 있다.

- OS KE PAX VIP-KASA CORP. CEO (회사 임원의 경우 VIP 서비스 요청)
- OS KE PAX LCTC BKK-HILHON HTL RMN1004 (승객의 현지 연락처 정보 입력)
- OS OZ VIP VICE PRESIDENT AAA CORP. (항공사 별 정보 입력)

04 항공 전문 약어

항공 산업 내에서는 영어가 기본 사용 언어이며, 정보 요청이나 전달 시 항공 전문 약어를 사용한다.

```
--- TST RLR ---
RP/SELK1394Z/SELK1394Z            AA/SU   25NOV20/0347Z    VFLJK8
0111-1124
 1.KIM/KYUNGHAE MS
 2  KE 649 Y 12FEB 5 ICNMNL HL1  2005 2325   12FEB  E  KE/VFLJK8
 3  KE 622 Y 20FEB 6 MNLICN HK1  1230 1725   20FEB  E  KE/VFLJK8
 4 AP 010 111 1111 PAX
 5 TK OK24NOV/SELK1394Z//ETKE
 6 OSI KE VIP CEO OF KASA INTL
 7 OPW SELK1394Z-08DEC:1900/1C7/KE REQUIRES TICKET ON OR BEFORE
         09DEC:1900/S3
 8 OPC SELK1394Z-09DEC:1900/1C8/KE CANCELLATION DUE TO NO
         TICKET/S3
 9 RM PLS DAPO CFM AS PAX CHG DTE TKS BRGDS-SELKE
```

그림 6.8 GDS 시스템 내의 약어 사용 예시

그림 6.8에 표기된 약어들은 일반적으로 자주 쓰는 약어들이며, 이 약어들을 사용함으로써 일의 정확성, 효율성, 정보의 전달 등이 명확해 진다. 인터넷이 발달하면서 점점 약어 사용이 많이 줄어들기는 하였으나, 여전히 자주 쓰는 약어들은 PNR 내에 아래의 약어 내용을 표기하기도 한다.

표 6.10 자주 사용하는 abbreviation(1)

Abbreviation	Meaning
ADT	Adult
ACK	Acknowledge
ADV	Advised, advising
AGT	Agent, travel agent
ALTRN	Alternative
ARR	Arrive
ASAP	As soon as possible
AUTH	Authority, authorize, authorization
CHG	Change
CHD	Child
CFY	Clarify
CONX	Connection, connecting, connects
DEP	Depart, departs, departed, departure
DAPO	Do all possible
FRAV	First available
INAD	Inadmissible passenger
INF	Infant
NN	Confirm, confirmed
KK	Need
NTBA	Names to be advised
NOSH	No show
ORIG	Origin, originate, originating, originated
PSGR or PAX	Passenger(s)
PNR	Passenger name record
RPT	Repeat, repeating, repeated
REQ	Request, requests, requested
RESSASPO	Reservation soon as possible

표 6.11 자주 사용하는 abbreviation(2)

Abbreviation	Meaning
STVR	Stopover
TKNO	Ticket number
TRAV	Traveling
UM	Unaccompanied minor
VIP	Very important passenger
WL	Waitlist

A. Lufthansa 항공의 항공사 코드는 LH 이다.

ⓐ True

ⓑ False

B. SW는 Scandinavian Airlines 항공의 항공사 코드 이다.

ⓐ True

ⓑ False

C. 도시 코드와 공항 코드는 항상 3자리 알파벳으로 구성된다.

ⓐ True

ⓑ False

D. SSR(Special Service Request)코드는 4자리 코드를 사용하여 요청한다.

ⓐ True

ⓑ False

E. 동물 운송 시 요청해야 하는 서비스 코드는 FRAG 이다.

ⓐ True

ⓑ False

**다음 예약을 보고 답하시오.(F~H)

```
< PNR - YRNAJR >
1.1KIM/KASA MS   2.1KIM/SARANG MISS*C10
3.I/1KIM/IATA MSTR*I10
1 OZ 721B 10AUG 1 ICNHKG HK2  0900  1150  /DCOZ*UA8SAB /E
2 OZ 722E 14AUG 5 HKGICN HK2  1315  1730  /DCOZ*UA8SAB /E
TKT/TIME LIMIT
  1.TAW/
PHONES
  1.SELM*010 111 1234 KIM/KASA
GENERAL FACTS
  1.SSR OTHS 1B OZ RSVN IS 8225-9137
  2.SSR ADTK 1B TO OZ BY 09JAN 1600 OTHERWISE WILL BE XLD
  3.SSR VGML OZ NN1 ICNBKK0741Y13M  1.1 KIM/KASA MS
    AR
```

F. 위 예약에 대한 설명으로 바르지 못한 것은?

ⓐ 1번 승객은 채식을 신청했다.

ⓑ 승객은 성인 1명, 소아 1명, 유아 1명으로 3개의 좌석이 필요하다.

ⓒ 항공권 발권 시한은 1월 9일 오후 4시까지이다.

ⓓ 이 예약의 예약 번호는 YRNAJR 이다.

G. 위 예약에서 어린이 기내식과 유아 기내식 신청 코드를 순서대로 표기한 것을 고르시오.

ⓐ BBML/DBML

ⓑ FPML/VGML

ⓒ CHML/BBML

ⓓ CHML/FPML

H. 위 예약에서 항공사 마일리지 번호를 입력하는 요청 코드를 쓰시오.

ⓐ WCHR

ⓑ VGML

ⓒ FQTV

ⓓ UMNR

항공사여객서비스개론
Airline Passenger Service

Airline
Passenger
Service

Chapter

07

국제 운송 규정

International
Air
Transportation
Regulations

항공사는 승객, 혹은 화물을 운송 할 경우 여러가지 서비스를 제공하게 되며, 이로 인한 책임도 동시에 부여 받게 된다. 승객 또는 화물에 대한 항공사의 법적 책임 소재와 최대 책임 한도, 그리고 민간 항공국의 국제적 역할, 항공사가 지켜야 할 국제적 법적 책임과 규정 등에 대해서 살펴보기로 하자.

01 바르샤바 협약 The Warsaw Convention

바르샤바 협약은 승객과 화물에 대한 신체적, 물질적 상해, 사망이나 손해의 경우 항공 운송인의 책임 등을 정한 정부간의 조약이다. 이 협약은 1929년 바르사바에서 체결되었으며, 1955년과 1971년 헤이그와 과테말라에서 각각 재 개정되었다.

바르샤바 협약은 항공사의 법적 책임을 규정 지음으로 인해 국제 항공 화물과 여객 수송을 보호하고 또한, 승객의 사망이나 상해의 경우, 항공 화물의 손실이나 지연 등으로 발생한 여러 다양한 책임 소재에 있어서 항공사의 책임 제한을 명확히 하여 항공사를 보호하기도 한다. 적용 책임 한도와 조건에 관련한 내용은 전자 항공권 발행 시 항공권과 함께 제공이 되며, 추가적으로 법적 보호를 받고자 할 경우, 출발 전 자신의 여행 계획에 맞는 여행자 보험에 가입하는 것을 추천한다.

계약 조건 및 중요 안내사항

여객의 최종 목적지 또는 도중 착륙지가 출발 국 이외의 타국 내의 일개 지점일 경우, 해당 여객은 출발지 국 또는 목적지 국내의 구간을 포함한 전체 여행에 대하여 소위 몬트리올 협약, 또는 수정된 바르샤바 협약 체제를 포함한 선행 협약인 바르샤바 협약으로 알려진 국제 협약들의 규정이 적용될 수 있음을 알려 드립니다. 이러한 여객들을 위하여, 적용 가능한 테리프에 명시된 특별 운송 계약을 포함한 제 협약은 운송인의 책임을 규정하고 제한하기도 합니다.

책임 제한에 관한 고지

몬트리올 협약 또는 바르샤바 협약 체제에 속한 협약이 귀하의 여행에 적용될 수 있으며, 이러한 협약들은 사망 또는 신체 상해, 수하물의 분실 또는 손상, 운송 지연 등에 대하여 항공 운송인의 책임을 제한할 수 있습니다.

몬트리올 협약이 적용되는 경우, 책임 한도는 다음과 같습니다.

1. 사망 및 신체 상해의 경우 운송인의 손해 배상액에는 제한이 없습니다.
2. 수화물의 파괴, 분실, 손상 및 지연의 경우, 대부분의 경우 여객 1인당 1,131 SDR(약 1,200 유로, 1,800 US달러 상당액)로 제한됩니다.
3. 지연으로 인한 손해에 관하여는 대부분의 경우 여객 1인당 4,694 SDR(약 5,000 유로, 7,500 US달러 상당액)로 제한됩니다.

EC Regulation 889/2002는 유럽 연합 회원국 운송인들에게 여객 및 수하물의 운송에 대하여 몬트리올 협약의 책임 제한에 관한 조항들이 적용되도록 규정하고 있습니다. 유럽연합 이외 지역의 다수 운송인들도 승객과 수하물의 운송에 대하여 몬트리올 협약의 규정을 따르고 있습니다.

바르샤바 협약 체제에 속한 협약이 적용되는 경우 다음의 책임 한도액이 적용됩니다.

1. 여객의 사망 및 신체 상해에 대하여 헤이그 의정서에 의하여 개정된 협약이 적용되는 경우 책임 한도는 16,600 SDR (약 20,000 유로, 20,000 US달러 상당액), 바르샤바 협약이 적용되는 경우에는 8,300 SDR(약 10,000 유로, 10,000 US달러 상당액)로 제한 됩니다. 다수의 운송인들은 자발적으로 이러한 책임 제한을 포기한 바 있으며, 미국의 관련 법규는 미국을 출발, 도착지로 하거나 미국 내에 예정된 기항지가 있는 여행의 경우 책임 한도를 75,000 US달러 이상 많을 수도 있도록 요구하고 있습니다.
2. 위탁 수하물의 분실, 손상 또는 지연에 대하여는 킬로그램 당 17 SDR(약 20 유로, 20 US달러 상당액), 휴대 수하물은 332 SDR (약 400 유로, 400 US달러 상당액).
3. 운송인은 지연으로 인한 손해에 대하여 책임을 부담할 수도 있습니다.

항공 여행에 적용될 책임 한도에 관한 자세한 사항은 해당 운송인으로부터 제공 받으실 수 있습니다. 다수의 운송인이 포함된 여정일 경우, 적용될 책임 한도에 대하여 각 운송인에게 문의하시기 바랍니다.

귀하의 여행에 어떠한 협약이 적용되든지, 여객은 탑승 수속 시 수하물의 가격을 신고하고 추가 요금을 지불함으로써 수하물의 분실, 손상 또는 지연에 대하여 높은 책임 한도액을 적용 받을 수 있습니다. 또한 대안으로써, 귀하의 수하물의 가치가 적용 가능한 책임 한도액을 초과하는 경우, 여행 전에 충분한 보험에 가입하시기 바랍니다.

제소 기간 : 손해 배상을 위한 소송은 항공기가 도착한 날 또는 도착되었어야 할 날짜로부터 2년 내에 제기되어져야 합니다.

수하물 배상 청구 : 수하물 손상의 경우 운송인으로의 통보는 위탁 수하물을 수령한 날짜로부터 7일 이내에, 지연의 경우에는 여객이 수하물을 처분할 수 있게 된 날짜로부터 21일 이내에 서면으로 하셔야 합니다.

준용되는 계약 조건의 고지

1. 국제 여행, 국내 여행, 또는 국내 구간이 포함된 국제 여행에 있어서, 귀하의 운송 계약은 본 통지 또는 운송인의 통지, 확인표 그리고 운송인의 개별 계약 조건, 관련 규칙, 규정 및 해당 운임의 적용을 받게 됩니다.
2. 다수의 운송인을 포함하는 여정이라면, 각 운송인 별로 상이한 조건, 규정, 그리고 이에 상응하는 요금 규정이 적용될 수 있습니다.
3. 이 통지에 의하여, 각 운송인들의 계약 조건과 규정 및 적용 요금은 귀하와의 계약의 일부로서 전체 운송 계약에 포함됩니다.
4. 계약 조건은 다음 사항들을 포함할 수 있습니다. 그러나 아래 열거한 사항들에만 국한되는 것은 아닙니다.
   - 여객의 신체 상해나 사망 시 운송인의 책임 조건과 한계
   - 쉽게 손상되거나 부패될 수 있는 물품을 포함한, 여객의 물품이나 수하물의 분실, 훼손, 지연에 따른 운송인의 책임 조건과 한계
   - 고가의 수하물 신고와 추가 요금 지불에 관한 규정
   - 운송인에게 재화나 용역을 제공 하는 개인을 포함한 에이전트, 고용인, 대리인의 행위에 관한 계약 조건과 책임한계의 적용
   - 여객이 운송인에 대하여 제소나 청구를 할 수 있는 기간을 포함한 청구권에 관한 제한 사항
   - 예약 및 예약 재확인에 관한 규정; 탑승 수속 시간; 항공 운송 서비스의 유효성 및 유효 기간; 운송인의 운송거부권
   - 관련법에 근거하여 필요할 경우 여객에게 운항 항공사 또는 대체 항공편을 고지 해야 하는 의무, 그리고 운항 스케줄의 변경, 대체 운송인, 항공기 및 여정
   - 관련법에 의한 불법 부적격자 또는 일체의 여행 관련 구비 서류를 준비하지 않은 여객의 운송을 거부할 수 있는운송인의 권리
5. 귀하의 운송 계약에 관한 더욱 자세한 정보 및 사본은 항공 운송 권 판매처에서 얻으실 수 있습니다. 많은 운송인들은 자사의 웹사이트에 이러한 정보들을 올려 놓았습니다. 법에 의해 필요 시, 귀하는 운송인의 공항과 판매처에서 운송계약서의 세부 내용을 열람할 권리가 있고, 귀하께서 요청하실 경우, 우편 또는 다른 배송 방법으로 각 운송인으로부터 사본을 무료로 받아보실 수 있습니다.
6. 만약 운송인이 다른 운송인의 항공 운송 서비스를 판매하거나 또는 수하물을 확인하는 경우, 이는 그 운송인의 대리인의 자격으로서 수행하는 것입니다.

여권이나 비자와 같은 모든 여행 구비 서류 없이는 여행을 하실 수 없습니다.

정부는 귀하의 운송인에게 여객 자료를 열람할 수 있는 권리가 있으며, 여객 정보 제공을 요청할 수도 있습니다.

탑승 거부 : 항공권이 초과 예약되어, 예약이 확약되었더라도 좌석 부족이 될 수도 있습니다. 이러한 경우, 여객이 강제로 탑승을 거부 당했을 시, 보상을 받을 수 있도록 되어있습니다. 법에 의해 필요 시, 운송인은 불특정 여객에 대한 탑승 거부 이전에 자발적인 탑승 포기 자를 찾아보아야 합니다. 탑승 거부에 대한 보상 제도 및 전체 규정과 탑승 우선권에 관한 정보를 운송인에게 확인하시기 바랍니다.

수하물 안내 : 특정 종류의 물품은 한도를 초과하여 신고할 수도 있습니다. 운송인은 파손, 훼손되기 쉽거나 값비싼 물품에 관하여는 특별 규정을 적용할 수 있습니다. 운송인에게 확인하시기 바랍니다.

위탁 수하물 : 운송인은 무료로 위탁 수하물을 허용하며, 허용 한도는 좌석 등급과 노선에 따라 다릅니다. 운송인은 허용 한도를 초과한 위탁 수하물에 대하여 추가 비용을 청구할 수 있습니다. 운송인에게 확인하시기 바랍니다.

기내 반입 휴대 수하물 : 운송인은 무료로 기내 반입 휴대 수하물을 허용하며, 한도는 좌석 등급과 노선, 항공기 종류에 따라 다릅니다. 기내 반입 휴대 수하물을 최소한으로 줄여주시기 바랍니다. 운송인에게 확인하시기 바랍니다. 귀하의 여정이 둘 이상의 운송인에 의하여 제공된다면, 각 운송인마다 다른 수하물 규정이 적용될 수도 있습니다. (위탁 수하물, 기내 반입 휴대 수하물)

미국 여행시 특별 수하물 책임 한도 : 미국 내 국내 지점간 여행일경 우, 미연방정부 규정상 운송인의 수하물 배상 책임 한도액은 최소한 여객 1인당 3,300 US달러 이거나 14CFR 254.5에 규정된 금액을 적용합니다.

탑승시간. 여정이나 영수증에 표기된 시간은 항공기의 출발 시간입니다. 항공기 출발 시간은, 여객이 체크인해야 하는 시간이거나 탑승할 수 있는 시간은 아닙니다. 여객이 늦을 경우 운송인은 여객의 탑승을 거부할 수도 있습니다. 귀하의 운송인이 안내한 체크인 시간은 여객이 여행을 위한 모든 탑승 수속을 완료 하기 위한 최소한의 시간입니다. 귀하의 운송인이 안내한 탑승 시간은 여객이 항공기에 탑승을 하기 위하여 탑승구에 도착해야 하는 시간입니다.

위험 물품(위해 물질). 안전상의 이유로, 위험 물품은 특별히 허가 받지 않은 이상 위탁 수하물 또는 기내 반입 수하물로 지참하실 수 없습니다. 위험 물품에는 압축 가스, 부식성 물질, 폭발물, 가연성 액체 및 고체, 방사성 물질, 산화 물질, 유독성 물질, 전염성 물질 및 경보 장치가 부착된 서류 가방 등이 있습니다. 보안상의 이유로, 다른 제한 사항이 적용될 수도 있습니다. 귀하의 운송인에게 문의하시기 바랍니다.

그림 7.1   전자 항공권 발행 시 출력되는 법적 고지문

02 몬트리올 협약 The Montreal Convention

몬트리올 협약은 국제 항공 운송의 책임에 대한 항공사간의 협정이며, ICAO국제 민간 항공 기구에 의해 1999년 채택 되었다. 승객과 화물에 대한 사망, 상해, 손실 등의 책임 소재를 업데이트 하여 구체화 시켰으며, 1929년에 체결된 바르샤바 협약의 내용을 바탕으로 하고 있다. 바르샤바 협약의 다양한 내용을 반영 시켰으며, 항공사 배상 책임을 결정 짓는 2단계 시스템을 도입했다는 점이 특이 사항이다.

배상 책임의 첫번째 단계는, 항공사가 최대 100,000 SDR의 배상 책임을 지닌다. 두번째 단계는, 항공사는 100,000 SDR 이상의 손해 배상 책임에 대해서 법적으로 보호 받을 수 있다.

이와 같이 배상 책임에 대한 한도와 규제를 통하여 운송인 즉, 항공사의 책임을 규정하고 있으며, 책임 한도는 100,000SDR에서 이후 상향 조정되었다.

*SDRSpecial Drawing Rights : IMF에서 사용하는 통화 단위, 1 SDR은 약 0.5 USD 이다.

03 시카고 협약과 ICAO

국제 민간 항공기에 대한 조약인 시카고 조약은 1944년 각 국 정부간의 회의를 통하여 제정되다. 시카고 조약의 주요 내용은 국가 간의 협조와 평화를 유지하고, 국가와 영공 내의 질서와 안정을 규정한다. 시카고 조약에서는 상업용 항공 운수업에 대한 규정을 아래와 같이 정한다.

- 계약 국가의 영토를 비행
- 항공기의 국적 인식
- 인증과 자격요건에 대한 공식 문서 제정

- 위험물 운송에 대한 국제 표준 적용
- 재정 및 기술 지원

1947년, 국제 민간 항공 조약에 근거하여 UN전문 기구인 ICAO_{International Civil Organization with permanent international authority}가 설립되었으며, 본사는 캐나다의 몬트리올에 위치한다.

ICAO의 주요 역할은 아래와 같다.

- 전세계 국제 민간 항공의 안전과 성장 보장
- 평화를 목적으로 한 항공기 설계 및 운영 장려
- 항공사, 공항, 항공 항법 시설의 장려
- 안전하고, 규칙적이며 경제적인 항공 운송에 대한 승객들의 욕구 충족
- 불합리한 경쟁으로 인한 경제적 낭비 방지
- 항공기의 안정성과 국제 민간 항공의 다각적 발전을 촉진
- 계약 체결 국가의 권리를 존중하고, 체결 국가간 차별을 피하며, 국제선 운항에 대한 공정한 기회를 보장

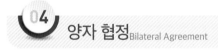

04 양자 협정 Bilateral Agreement

각 국가간의 영토 내에서 항공사의 운항권에 대한 규정을 구체화 시키는 두 나라 간의 계약을 말한다. 예를 들어, 한 국가의 항공기는 항공기 유지의 목적으로 다른 국가에 부품이나 소모품을 무상으로 제공 받을 수 없다. 양자 협정 중 가장 중요한 내용은 지정된 항공사가 운항할 수 있는 도시에 대해 명시한다. 이 계약은 운수권에 대한 내용을 구체화 시켜 국가간의 항공기가 취항할 수 있는 지의 여부와, 국가 영공을 통과할 수 있는지에 대한 항공기 운항의 권리 규정에 관한 내용이다.

IATA_{International Air Transport Association}는 국제 항공 운송 협회의 약어 이며, 민간 항공사들이모여 설립한 항공 운송사업자, 즉 항공사를 대표하는 국제 협력 기구이다. 항공 산업의 권익을 대변함과 동시에 각종 정책 및 규제 개선, 승객의 편의 증대, 항공사의 안전도를 지원, 수행하기 위하여 1945년 쿠바에서 설립되었다. 매년 1회 개최되는 IATA 총회는 회원사 경영진들이 참석하여 항공 산업의 발달을 위한 여러가지 의사 결정에 대한 승인이나, 결의안 채택들을 논하며, 2019년 6월에는 제75차 IATA 연차 총회가 서울에서 개최된 바 있다. 한국에서는 총 6개 항공사, 대한항공, 아시아나항공, 이스타항공, 제주항공, 진에어, 티웨이항공이 IATA 회원사로 등록되어 있으며, 75차 연차 총회는 대한항공이 주관하여 진행이 되었다.

IATA는 항공산업을 대변하고, 선도하며, 항공 산업의 발전을 도모하고자 하는 항공사의 구성원들로 이루어진 국제 협력 민간 기구이다.

IATA의 목표와 역할은 아래와 같다.

- Representing the Airline Industry: 전세계 항공사의 이익을 대변하며, 불합리한 규제와 비용에 대하여 도전하며, 규제 기관과 정부에 책임을 묻고 합리적인 규제를 유도한다.
- Leading the Airline Industry: 70년 이상 IATA는 항공 운송 산업의 기반이 되는 글로벌 상업 표준을 개발해 왔으며, 절차를 간소화하고 승객 편의를 높이는 동시에 비용을 줄이고 효율성을 개선시키도록 항공사들을 지원하고자 한다.
- Serving the Airline Industry: 항공사가 명확하게 정의된 규정들에 따라 안전하고, 효율적이며, 경제적으로 운항 할 수 있도록 지원하며, 다양한 상품과 숙련된 서비스를 통하여 항공 산업 종사자들에게 전문적인 지원을 제공한다.

항공사여객서비스개론
Airline Passenger Service

Airline
Passenger
Service

Chapter

08

NDC
New
Distribution
Capability

01 NDC란?

NDC New Distribution Capability는 IATA가 개발한 항공 여행 산업을 주도하는, XML 기반의 데이터 전송 표준 개발을 위한 예약 시스템의 혁신적인 프로그램이라고 할 수 있다.

이전까지 항공 예약, 판매 시스템은 GDSGlobal Distribution System라고 불리우는 통합 예약 시스템을 통하여 이루어 졌으나, IATA NDC를 통한 새로운 차세대 항공 복합 예약 방식이 개발되며, 이에 따른 항공 예약 시장도 다변화 될 전망이다.

기존 GDS를 통한 예약, 판매 시스템은 항공 스케줄 예약에 매우 특화 되어 있지 만, NDC는 항공권 예약, 판매 뿐 아니라 여러가지 다양한 항공사 부가 서비스수하물, 기내식, 와이파이, 기내 엔디테인민트, 호텔 예약, 렌터카 예약, 좌석 배정 등에 대한 판매를 용이하게 할 수 있도록 하고 있다. 항공사는 항공권을 통한 수익 창출에서 추가적으로 부가 수익을 창출하고자 하므로, 이에 따른 항공사의 욕구를 잘 반영시킬 수 있으나 여행사의 입장에서 NDC개발시 들어가는 개발비 등에 대한 부담도 저항 요인으로 생각해 볼 수 있다.

NDC를 적극적으로 도입하고 있는 항공사들은 NDC를 사용하는 여행사들에게 특별 요금을 제공하는 등의 혜택을 제공하고 있으며 소비자들, 즉 승객들은 이를 통해 저렴한 운임과 다양한 서비스를 손쉽게 제공 받을 수 있는 장점이 있다.

02 NDC의 역할 및 기능

🖼 NDC의 역할

• NDC는 항공사와 여행사간의 의사 소통 능력을 향상 시킨다.

- NDC는 제3자, 중재자, IT공급자, 비IATA 회원사들 에게도 사용할 수 있도록 되어 있다.
- NDC는 현재 제한적인 유통 방식을 해결함으로써 항공 상품이 기업체, 관광 혹은 비즈니스 고객들에게 쉽게 판매될 수 있도록 한다.

📋 NDC의 기능

- 다양한 항공 관련 서비스 통합
- 부가 서비스 구매 용이
- 항공권을 포함한 모든 비용의 자동 결재 승인 방식
- 규정 적용 강화
- 실시간 항공 정산 보고

📋 NDC를 통한 항공사 사용 방식

- 항공사의 독창적이고 다양한 상품을 항공사 방식대로 제공
- 새로운 항공 서비스 상품을 쉽고 빠르게 시장 적용 가능
- 승객 개별 맞춤형 서비스 제공 용이

📋 NDC를 통한 여행사 사용 방식

- 다양한 항공 서비스에 대한 접근을 통하여 정보 습득 가능
- 항공 스케줄, 가격, 서비스에 대한 비교가 용이
- 승객 별 맞춤형 서비스 제공 용이
- 실시간 항공 상품과 항공 운임 등의 데이터 반영 용이

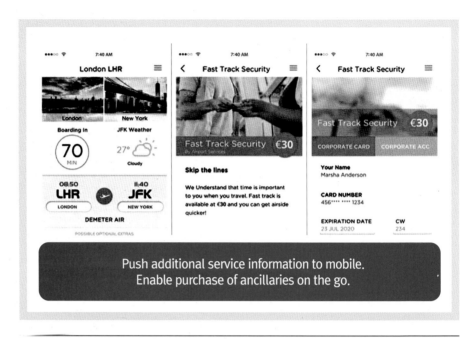

그림 8.1   NDC를 통한 항공 예약 진행 방식

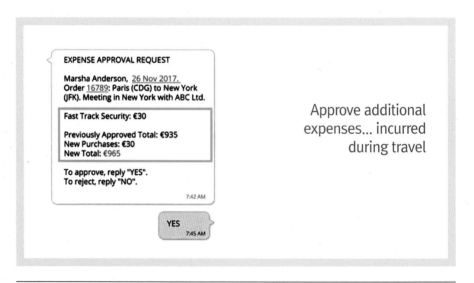

그림 8.2   NDC를 통한 항공권 결재 정보 전송 방식

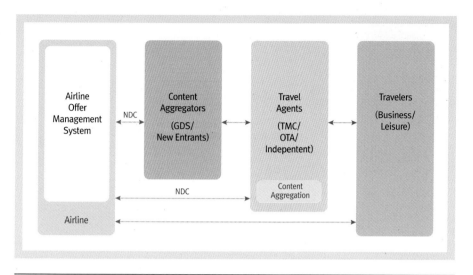

그림 8.3   NDC를 통한 항공권 구매 Flow chart

Airline
Passenger
Service

Appendix

부록
연습문제

🧳 Monthly Code

	Month
JAN	January
FEB	February
MAR	March
APR	April
MAY	May
JUN	June
JUL	July
AUG	August
SEP	September
OCT	October
NOV	November
DEC	December

🧳 항공 업무 용어

구분	내용
Ancillary services	사전, 혹은 기내 안에서 추가 비용을 지불하고 제공받는 서비스
Availability	구매 가능한 좌석의 수
Baggage	기내 수하물과 위탁 수하물
Baggage Allowance	무료 수하물
Baggage Tag	수하물 식별표(승객 이름, 주소, 연락처 기입)
Baggage Claim Area	도착 승객이 수하물을 찾는 공항내의 지역
BSP	Billing and Settlement Plan 항공 정산 프로그램
Boarding Pass	항공기 탑승권
Cabin Baggage	기내 안으로 가져갈 수 있는 기내 수하물
Check-in	승객이 출발 전 항공기 탑승을 위한 절차
Cancellation Fee	취소 수수료
Carrier	항공사, 혹은 여객이나 화물을 운반하는 회사
Child	2~12세 사이의 승객
Commission	항공권 판매를 통해 발생하는 수익, 일반적으로 판매가의 퍼센트로 지불.
Codeshare	공동 운항(한대의 항공기를 여러 항공사가 나누어 판매)

구분	내용
Conditions	항공권 판매, 혹은 취소 등에 관한 조건 및 규정
Configuration	항공기내 좌석 배치도
Confirmed reservation	특정 승객 이름으로 확정된 예약
Connecting Flight	항공기 환승
Customs	수입, 수출 규제를 관할하는 부서, 세관
Destination	최종 도착지
Direct flight	출발지와 목적지 사이 항공편 변경을 요구하지 않는 항공기
EMD	Electronic Miscellaneous document 항공 서비스 중 수수료 등의 목적으로 발행하는 전자 바우쳐
ETA	Estimated time of Arrival 도착 예정 시간
ETD	Estimated time of Departure 출발 예정 시간
Excess Baggage	초과 수하물
Flight number	항공기 편수(2자리 항공사 코드와 1-4개의 숫자로 구성)
Gateway	국적기의 국제선 출, 도착 포인트
Go show	확약된 좌석 없이 공항에서 대기 후 탑승 방식
Infant	0~24개월 사이의 유아 승객
Issuing Carrier	항공권 발행의 주체가 되는 항공사
Itinerary	승객의 여정
MAAS	Meet and Assist
MCT	Minimum Connection time
MSC	Most Significant Carrier
NUC	Neutral Unit Concept
No show	예약 후 탑승하지 않는 경우
Origin	출발지, 여행이 시작되는 도시
Overbooking	초과 좌석 예약
Passenger	승객
PETC	Pet in Cabin
PNR	Passenger Name Record
Reconfirmation	재확인(항공 좌석의 예약을 다시 확인하는 작업)
Refund	환불
Seasonality	항공 운임에 영향을 미치는 비수기, 성수기 등의 계절성
Standby	좌석 확약이 되지 않은 승객의 탑승을 위한 공항 대기
Stretcher	의료용 침대
Stopover	도중체류

구분	내용
Transfer	환승
Transit	출발지와 목적지 사이 임시로 거치는 지역
UM	Unaccompanied Minor 비동반 소아 승객
Waitlist	항공기 만석으로 인한 좌석 확약을 기다리는 예약
YP	Young Passenger

🧳 주요 항공사 코드 및 식별 번호

항공사 코드 Airline Code	항공권 식별 번호 Stock Number	항공사 이름 Name	항공동맹체 Alliance
AA	001	American Airlines	One World
AC	014	Air Canada	Star Alliance
AF	057	Air France	Sky team
AI	098	Air India	Star Alliance
AM	139	Aeromexico	Sky team
AY	105	Finn Air	One World
AZ	055	Alitalia	One World
AV	134	Avianca	Star Alliance
BA	125	Britsh Airways	One World
BI	672	Royal Brunei Airlines	
BR	695	Eva Airways	Star Alliance
BX	982	Air Busan	
CA	999	Air China	Star Alliance
CI	297	China Airlines	Sky team
CX	160	Cathay Pacific Airways	One World
CZ	784	China Southern Airlines	
DL	006	Delta Airlines	Sky team
EK	176	Emirates Airline	
ET	071	Ethiopian Airlines	Star Alliance
EY	607	Etihad Airways	
GA	126	Garuda Indonesia	Sky team
HA	173	Hawaiian Airlines	
HU	880	Hainan Airlines	

항공사 코드	항공권 식별 번호	항공사 이름	항공동맹체
Airline Code	Stock Number	Name	Alliance
HX	851	Hong Kong Airlines	
HY	250	Uzbekistan Airways	
JL	131	Japan Airlines	One World
KA	043	Dragon air	
KC	465	Air Astana	
KE	180	Korean Air	Sky team
KL	074	KLM Royal Dutch Airlines	Sky team
KQ	706	Kenya Airways	
LH	220	Lufthansa German Airlines	Star Alliance
LJ	718	Jin Air	
LO	080	LOT Polish Airlines	Star Alliance
MF	731	Xiamen Airlines	
MH	232	Malaysia Airlines	One World
MU	781	China Eastern Airlines	Sky team
NH	205	All Nippon Airways	Star Alliance
NX	675	Air Macau	
NZ	086	Air New Zealand	Star Alliance
OS	257	Austrian Airlines	Star Alliance
OK	064	Czech Airlines	Sky team
OM	289	MIAT Mongolian Airlines	
OZ	988	Asiana Airlines	Star Alliance
PR	079	Philippine Airlines	
QF	081	Qantas Airways	One World
QH	926	Bamboo Airways	
QR	157	Qatar Airways	One World
RS	820	Air Seoul	
SA	083	South African Airways	Star Alliance
SC	324	Shandong	
SK	117	Skandinavian Airlines	Star Alliance
SQ	618	Singapore Airlines	Star Alliance
SU	555	Aeroflot	Sky team
TG	217	Thai Airways International	Star Alliance

항공사 코드 Airline Code	항공권 식별 번호 Stock Number	항공사 이름 Name	항공동맹체 Alliance
TK	235	Turkish Airlines	Star Alliance
TR	668	Scoot	
TW	722	Tway Air	
UA	160	United Airlines	Star Alliance
VJ	978	Vietjet Aviation	
VN	738	Vietnam Airlines	Sky team
ZA	969	Sky Angkor Airlines	
ZE	839	Eastar Jet	
ZH	479	Shenzhen Airines	Star Alliance
5J	203	Cebu Air	
7C	806	Jeju Air	
S7	421	Siberia Airlines	One World

📷 IATA 지역 별 주요 도시 및 공항 코드

✈️ Area 1/ TC1

Country Code		TC 1 / City Code		Airport Code
USA	US	LAX	Los Angeles	
		LAS	Las Vegas	
		SFO	San Francisco	
		SAN	San Diego	
		CHI	Chicago	ORD
		SEA	Seattle	
		WAS	Washington	IAD
		NYC	New York	JFK, LGA, EWR
		DTT	Detroit	DTW
		ATL	Atlanta	
Mexico	MX	MEX	Mexico city	
		CUN	Cancun	

Country Code		TC 1 / City Code		Airport Code
Canada	CA	YVR	Vancouver	
		YTO	Toronto	YYZ
		YYC	Calgary	
Brazil	BR	SAO	Sao Paulo	
		RIO	Rio de Janeiro	
Peru	PE	LIM	Lima	

🔑 Area 2 / TC2

Country Code		TC 2 / City Code		Airport Code
France	FR	PAR	Paris	CDG
United Kingdom	GB	LON	London	LHR, LGW
Netherland	NL	AMS	Amsterdam	
Turkey	TK	IST	Istanbul	
Germany	GE	FRA	Frankfurt	
		MUC	Munich	
Greece	GR	ATH	Athens	
Italy	IT	ROM	Rome	FCO
Czech Republic	CZ	PRG	Prague	
Spain	SP	MAD	Madrid	
		BCN	Barcelona	
Portugal	PT	LIS	Lisbon	
Poland	PL	GDN	Gdansk	
Denmark	DK	CPH	Copenhagen	
		AAL	Aalborg	
Sweden	SE	STO	Stockholm	ARN
Norway	NO	OSL	Oslo	
		BGO	Bergen	
		SVG	Stavanger	
Russia	RU	LED	St. Petersburg	
		MOW	Moscow	

Country Code		TC 2 / City Code		Airport Code
Finland	FI	HEL	Helsinki	
South Africa	ZA	JNB	Johannesburg	
		CPT	Cape town	
Angola	AO	LAD	Luanda	
Ghana	GH	ACC	Accra	
Kenya	KE	NBO	Nairobi	
Nigeria	NG	LOS	Lagos	
United Arab Emirate	AE	DXB	Dubai	
		AUH	Abu Dhabi	
Qatar	QA	DOH	Doha	

🌐 Area 3 / TC3

Country Code		Area 3 / City Code		Airport Code
Korea	KR	SEL	Seoul	GMP, ICN
		PUS	Busan	
		CJU	Jeju	
Japan	JP	TYO	Tokyo	NRT, HND
		OSA	Osaka	KIX
		FUK	Fukuoka	
		NGO	Nagoya	
China	CN	BJS	Beijing	PEK
		SHA	Shanghai	PVG
		CAN	Guangzhou	
Philippines	PR	MNL	Manila	
		CEB	Cebu	
Vietnam	VN	SGN	Ho chi minh	
		HAN	Hanoi	
		DAD	Da Nang	
		NHA	Nha Trang	CXR
Thailand	TH	BKK	Bang Kok	DMK
		HKT	Phuket	

Country Code		Area 3 / City Code		Airport Code
Hong Kong	HK	HKG	Hong Kong	
Taiwan	TW	TPE	Taipei	
Singapore	SG	SIN	Singapore	
Indonesia	ID	JKT	Jakarta	CGK
		JOG	Yog Yakrta	
		DPS	Denpasar, Bali	
Malaysia	MY	KUL	Kuala Lumpur	
		BKI	Kota Kinabalu	
Brunei	BN	BWN	Bandar Seri Begawan	
Australia	AU	SYD	Sydney	
		BNE	Brisbane	
		PER	Perth	
		MEL	Melbourne	
New Zealand	NZ	AKL	Auckland	
		CHC	Christchurch	
India	IN	DEL	Delhi	
		CCU	Kolkata	
		MAA	Chennai	
		BOM	Mumbai	
		BLR	Bengaluru	
Sri Lanka	LK	CMB	Colombo	
Bangladesh	BG	DAC	Dhaka	
Pakistan	PK	KHI	Karachi	
		LHE	Lahore	
		ISB	Islamabad	
Nepal	NP	KTM	Katmandu	
Moldives	MV	MLE	Male	
Mongolia	MN	ULN	Ulaanbaatar	
Uzbekistan	UZ	TAS	Tashkent	
Kazakhstan	KZ	ALA	Almaty	
Russia	RU	VVO	Vladivostok	
		KHV	Khabarovsk	

🧳 항공사 별 상용 고객 우대 프로그램

항공사 코드 Airline Code	항공사 이름 Name	보너스프로그램 Frequent Flyer Program
AA	American Airlines	Advantage
AC	Air Canada	Aeroplan
AF	Air France	Flying Blue
AY	Finn Air	Finnair Plus
AZ	Alitalia	MileMiglia
BA	British Airways	Executive Club
BR	Eva Airways	Infinity Mileagelands
BX	Air Busan	Fly & Stamp
CA	Air China	PhoenixMiles
CI	China Airlines	Dynasty Flyer Program
CX	Cathay Pacific Airways	Marcopolo Club
CZ	China Southern Airlines	Sky Pearl Club
DL	Delta Airlines	SkyMiles
EK	Emirates Airline	Emirates Skywards
ET	Ethiopian Airlines	ShebaMiles
EY	Etihad Airways	Etihad Guest
GA	Garuda Indonesia	GarudaMiles
HA	Hawaiian Airlines	Hawaiian Miles
HX	Hong Kong Airlines	Fortune Wings Club
JL	Japan Airlines	JAL Mileage Bank
KC	Air Astana	Nomad Club
KE	Korean Air	SkyPass
KL	KLM Royal Dutch Airlines	Flying Blue
LH	Lufthansa German Airlines	Miles & More
LJ	Jin Air	Nabi Points
LO	LOT Polish Airlines	Miles & More
MH	Malaysia Airlines	Malaysia Enrich
MU	China Eastern Airlines	Eastern Miles
NH	All Nippon Airways	ANA Mileage Club
OS	Austrian Airlines	Miles & More
OK	Czech Airlines	OK Plus

항공사 코드 Airline Code	항공사 이름 Name	보너스프로그램 Frequent Flyer Program
OZ	Asiana Airlines	Asiana Club
PR	Philippine Airlines	Mabuhay Miles
QF	Qantas Airways	Qantas Club
QH	Bamboo Airways	Bamboo Club
QR	Qatar Airways	Privilege Club
SA	South African Airways	Voyager
SK	Scandinavian Airlines	Euro Bonus
SQ	Singapore Airlines	KrisFlyer
SU	Aeroflot	Aeroflot Bonus
TG	Thai Airways International	Royal Orchid Plus
TK	Turkish Airlines	Miles & Smiles
UA	United Airlines	Mileage Plus
VN	Vietnam Airlines	LotusMiles

항공 동맹체 및 인천공항 출발 터미널

인천공항 출발 터미널	항공사	항공동맹체
T1	AA	One World
	AC	Star Alliance
	AI	Star Alliance
	AY	One World
	BA	One World
	BI	
	BR	Star Alliance
	BX	
	CA	Star Alliance
	CX	One World
	CZ	
	EK	
	ET	Star Alliance
	EY	
	HA	

인천공항 출발 터미널	항공사	항공동맹체
T1	HX	
	HY	
	KC	
	LH	Star Alliance
	LJ	
	LO	Star Alliance
	MH	One World
	MU	
	NX	
	NZ	Star Alliance
	OM	
	OZ	Star Alliance
	PR	
	QF	One World
	QH	
	QR	One World
	RS	
	R3	
	SC	
	SQ	Star Alliance
	TG	Star Alliance
	TK	Star Alliance
	TR	
	TW	
	UA	Star Alliance
	VJ	
	VN	
	ZA	
	ZE	
	ZH	Star Alliance
	5J	
	7C	

인천공항 출발 터미널	항공사	항공동맹체
T2	AF	Sky Team
	AM	Sky Team
	AZ	Sky Team
	CI	Sky Team
	DL	Sky Team
	GA	Sky Team
	KE	Sky Team
	KL	Sky Team
	KQ	Sky Team
	MF	Sky Team
	OK	Sky Team
	SU	Sky Team

도시 별 GMT 시간

- GMT Greenwich Mean Time: 그리니치 평균 시
- UTC Universal Time coordinated:협정 세계 시

GMT/UTC	City	Local Time 적용
0:00	LON/런던	+0
1:00	PAR/파리	+1
2:00	CAI/카이로	+2
3:00	MOW/모스크바, IST/이스탄불	+3
4:00	AUH/아부다비	+4
5:00	ISB/이슬라마바드	+5
6:00	DAC/다카	+6
7:00	BKK/방콕, JKT/자카르타	+7
8:00	SIN/싱가포르, BJS/베이징	+8
9:00	SEL/서울, TYO/도쿄	+9
10:00	SYD/시드니	+10
11:00	NOU/누메아	+11
12:00	NAN/난디	+12

GMT/UTC	City	Local Time 적용
-5:00	NYC/뉴욕, WAS/워싱턴	-5
-6:00	CHI/시카고	-6
-7:00	DEN/덴버	-7
-8:00	LAX/로스앤젤레스	-8
-9:00	ANC/앵커리지	-9
-10:00	HNL/호놀룰루	-10
-11:00	PPG/파고파고	-11

항공사여객서비스개론
Airline Passenger Service

연습문제

** 아래 질문을 보고 True, or False를 고르시오.(1번~5번)

1. 항공사들 간 동맹체, 스타얼라이언스나 스카이팀들은 각 항공사에서 멤버들에게 적용하는 혜택이 동일하다.

   ⓐ True

   ⓑ False

2. Infant는 예약일 기준 만 2세 미만의 승객을 의미한다

   ⓐ True

   ⓑ False

3. Unaccompanied Minor는 12세미만 아동이 혼자 여행할 경우 신청한다

   ⓐ True

   ⓑ False

4. Child는 성인과 똑같은 Baggage allowance를 적용 받는다.

   ⓐ True

   ⓑ False

5. BSP란 항공사와 여행사간 항공 운임 정산을 하기 위한 정산 프로그램이다

   ⓐ True

   ⓑ False

** 아래 예문을 보고 각 질문에 맞는 답을 고르시오.(6번~10번)

```
20APR   MON -  04MAY   MON    SEL/Z#9      TYO/#0
1NH        864 GMPHND   1245 1500     788   0 1234567 29MAR-24OCT
2OZ/NH 9102 GMPHND   1245 1500     788   0 1234567 29MAR-22JUN
3JL         92 GMPHND   1205 1415     788   0 1234567 29MAR-30SEP
4KE/JL 5707 GMPHND   1205 1415     788   0 1234567 29MAR-15SEP
5H1       9803 ICNNRT   1505 1730     737   0 1234567 29MAR-24OCT
67C       1104 ICNNRT   1505 1730     737   0 1234567 29MAR-24OCT
7ZE        603 ICNNRT   1510 1730     738   0 1234567 29MAR-24OCT
8H1/TW 5951 ICNNRT   1500 1735     737   0 1......  04APR-14MAY
9OZ       1045 GMPHND   1530 1735     333   0 1234567 29MAR-31OCT
10NH/OZ 6970 GMPHND   1530 1735     333   0 1234567 29MAR-31OCT
117C      1106 ICNNRT   1035 1255     737   0 1234567 29MAR-24OCT
12H1      9805 ICNNRT   1035 1255     737   0 1234567 29MAR-24OCT
```

6. 위 스케줄 표에서 14:00시 이후 인천에서 출발하는 항공편을 고르시오.

ⓐ OZ1045

ⓑ 7C1106

ⓒ 7C1104

ⓓ NH864

7. Narita 공항 도착이 14:00시 이전인 항공편을 고르시오.

ⓐ OZ1045

ⓑ 7C1106

ⓒ 7C1104

ⓓ NH864

8. 7C1104편에 대해 잘못된 설명을 고르시오.

   ⓐ 인천공항에서 출발하는 항공편이다.

   ⓑ 인천 출발 시간은 15:05분이다.

   ⓒ ZE603편기와 출발 시간이 동일하다..

   ⓓ 737은 항공편의 운항 기종을 표시한다.

9. 15:30분 출발 항공편에 대한 설명 중 잘못된 설명을 고르시오.

   ⓐ 공동운항 항공편이다.

   ⓑ 도쿄 도착 공항은 나리타 공항이다.

   ⓒ 10월31일까지 적용 가능한 직항 노선이다.

   ⓓ 항공 기종은 에어버스사 이다.

10. 아래 내용 중 올바른 설명을 고르시오.

   ⓐ 모든 표시된 항공편은 직항편으로 운항된다.

   ⓑ 모든 표시된 항공편은 인천공항에서 출발하는 항공편이다.

   ⓒ 모든 표시된 항공편은 10월24일까지 동일하게 적용되는 스케쥴이다.

   ⓓ 모든 표시된 항공편은 에어버스사 기종이다.

** 아래 예문을 보고 각 질문에 맞는 답을 고르시오.(11번~15번)

```
01JUN  MON - 15JUN  MON    SEL/Z#9      MEX/CDT-14
  1AM      91  ICNMEX   1225 1215    788  0 1234567 01JUN-30JUN
  2KE     703  ICNNRT   1010 1230    773  0 1....6. 04APR-27JUL
  3KE/AM 7945    MEX    1425 1325    788  0 1234567 04APR-27JUL
  4AM/KE 6750  ICNNRT   1010 1230    773  0 1234567 01JUN-26JUL
  5AM      57    MEX    1425 1325    788  0 1234567 01JUN-26JUL
  6KE      17  ICNLAX   1430 0940    388  0 1234567 29MAR-30JUN
  7KE/AM 7941    MEX    1315 1905    7S8  0 1234567 29MAR-30JUN
  8AM/KE 6702  ICNLAX   1430 0940    388  0 1234567 29MAR-30JUN
  9AM     647    MEX    1315 1905    7S8  0 1...... 29MAR-30JUN
```

11. 아래 내용 중 잘못된 것을 모두 고르시오.

  ⓐ 제일 빨리 도착하는 항공편은 AM91편기 이다.

  ⓑ 제일 빨리 출발하는 항공편은 AM91편기 이다.

  ⓒ 인천에서 멕시코시티까지 직항 스케줄만 조회된다.

  ⓓ 인천에서 멕시코시티까지 가능한 항공편 스케줄이다.

12. 도착 시간이 제일 늦은 항공편을 고르시오.

  ⓐ AM91

  ⓑ KE6750

  ⓒ AM7941

  ⓓ KE6702

13. 위 항공편 중 에어버스사 380기종을 타는 항공편 수를 고르시오.

  ⓐ AM91

  ⓑ AM7945

  ⓒ AM57

  ⓓ KE6702

14. 인천에서 멕시코시티까지 스케줄 중 7월달 운항 예정 항공편을 고르시오.

  ⓐ AM91

  ⓑ AM7945

  ⓒ AM7941

  ⓓ AM647

15. AM647편기에 대한 설명 중 틀린 것을 고르시오.

ⓐ 경유지가 없는 직항 항공편이다.

ⓑ 주 한편 운항하는 항공편이다.

ⓒ 인천에서 멕시코시티까지 운항하는 항공편이다.

ⓓ 출발 시간은 출발지 시간 기준 13:15이다.

** 아래 예문을 보고 각 질문에 맞는 답을 고르시오.(16번~20번)

< PNR - ESSYEA >					
1.1KIM/KASA MS 2.1JEON/KOREA MR 3.1HONG/GILDONG MR					
1 OZ 625V 15MAR 7 ICNSPN HK3 1940 0100 16MAR 1 SPM					
					/DCOZ*S7BTDS /E
2 7C3451T 20MAR 5 SPNPUS HK3 0320 0630 /DC7C*JV2W2 /E					
TKT/TIME LIMIT					
1.TAW/					
PHONES					
1.SELM*010 123 4567 PAX1					
PASSENGER DETAIL FIELD EXISTS - USE PD TO DISPLAY					
GENERAL FACTS					
1.SSR OTHS 1B OZ RSVN IS 5721-1774					
2.SSR ADTK 1B TO OZ BY 27FEB 1600 OTHERWISE WILL BE XLD					
3.SSR OTHS 1B AUTO XX IF SSR TKNA/E/M/C NOT RCVD BY 7C BY 152					
6/27FEB/SEL LT					
4.SSR ADPI 1B KK1 7C3451 NEED ADPI INFO 72 HBD					
5.SSR VGML OZ KK1 ICNSPN0625V15MAR					
SSR VGML OZ KK1 ICNSPN0625V15M 2.1 JEON/KOREA MR					
Z60D.Z60D*AAA 0026/24FEB20 ESSYEA H					

16. 아래 내용 중 잘못된 것을 고르시오.

ⓐ 위 예약 번호는 Echo Smile Smile Yankee Echo Alpha라고 읽는다.

ⓑ 위 예약 중 기내식에 채식을 요청한 승객이 있다.

ⓒ 위 예약 중 12세 미만의 소아 아동이 있다.

ⓓ 위 예약은 OZ625편을 타고 3월 15일 출발하는 여정이다.

17. 아래 내용 중 올바른 것을 고르시오.

ⓐ 인천(ICN)에서 사이판(SPN) 왕복 여정을 예약하였다.

ⓑ 2번 승객은 아시아나 항공편에 VGML을 신청하였다

ⓒ OZ625편기는 3월15일 01시에 도착한다.

ⓓ 7C3415편기의 비행시간은 3시간 10분이다.

18. 사이판(SPN)에서 출발하는 날짜와 시간을 고르시오.

ⓐ 15Mar/19:40

ⓑ 15Mar/01:00

ⓒ 16Mar/01:00

ⓓ 20Mar/03:20

19. 사이판(SPN)에서 돌아오는 여정의 예약 클래스를 고르시오.

ⓐ V

ⓑ H

ⓒ K

ⓓ T

20. 위 예약의 승객 타입을 고르시오.

ⓐ ADT

ⓑ CHD

ⓒ INF

ⓓ MR

21. 아래 코드에 대한 설명이 올바른 것을 고르시오.

ⓐ DBML-다이어트 기내식 요청

ⓑ BBML-유아식 요청

ⓒ MOML-소아식 요청

ⓓ LFML-저염식 요청

22. 기내 안 휠체어 서비스를 요청하는 승객에게 사용하는 코드를 고르시오.

ⓐ WCHR

ⓑ WCHS

ⓒ WCHC

ⓓ WCHA

23. 다음 중 PETC 코드에 대한 설명 중 틀린 것을 고르시오.

ⓐ 기내 안 동물 운송 요청 코드이다.

ⓑ 승객과 동일한 좌석을 요청한다.

ⓒ 무게에 따른 수하물 비용을 지불한다.

ⓓ 운송 시 종류의 제한이 있다.

24. 다음 중 항공 예약 시 필수 정보가 아닌 것을 고르시오.

ⓐ Passenger Name

ⓑ Passenger Gender

ⓒ Contact Number

ⓓ Payment

25. IATA 지역 구분에 따른 TC1(Traffic Conference)지역에 속하는 도시를 고르시오.

ⓐ LON (London)

ⓑ BOM (Mumbai)

ⓒ LAX (Los Angeles)

ⓓ HKG (Hong Kong)

26. 아래 항공사 2code가 올바르게 연결된 것을 고르시오.

ⓐ LH-Lufthansa

ⓑ EY-Emirate Airline

ⓒ TG-Tiger Airline

ⓓ CX-Hong Kong Airline

27. 아래 Booking Class Code 중 비즈니스 석에 해당하는 클래스를 고르시오.

ⓐ F

ⓑ C

ⓒ W

ⓓ M

28. 다음 중 항공 동맹체가 다른 항공사를 고르시오.

ⓐ Air Canada

ⓑ Asiana Airline

ⓒ Thai Airways

ⓓ Cathay Pacific

29. 수하물 운송에 대한 내용 중 잘못된 것을 고르시오.

ⓐ 승객 탑승 시 승객 수하물은 기내수하물과 위탁 수하물로 구분 짓는다.

ⓑ CHD, 즉 소아의 수하물 허용량은 성인과 동일하다.

ⓒ INF, 즉 유아도 위탁 수하물을 허용한다.

ⓓ 수하물은 환승지역에서 승객이 다시 수속해야 한다.

30. 아래 항공사 중 서비스 타입이 다른 항공사를 고르시오.

ⓐ DL

ⓑ KE

ⓒ BX

ⓓ OZ

31. 항공기 타입 중 Narrow-Body Type이 운송 가능한 승객 수를 고르시오.

ⓐ 10~50

ⓑ 50~100

ⓒ 130~250

ⓓ 200~300

32. 다음 중 공항에서의 출발 절차를 순서대로 정렬한 것을 고르시오.

ⓐ Check-in ->Passport Control ->Transit Area ->Boarding

ⓑ Boarding ->Check-in ->Passport Control ->Transit Area

ⓒ Transit Area ->Check-in ->Passport Control ->Boarding

ⓓ Check-in ->Boarding ->Passport Control ->Transit Area

33. 다음 중 Ancillaries에 대한 설명 중 올바른 것을 고르시오.

    ⓐ 항공기 운항 시 공동 운항을 통한 공동 마케팅 방식이다.

    ⓑ GDS 시스템을 통한 좌석 확인 방식이다.

    ⓒ 항공사의 비용 절감과 수익창출을 위한 힝공 동맹체이다.

    ⓓ 항공사의 부가적인 수익을 창출하는 다양한 유료 서비스 방식이다.

** 아래 예문을 보고 각 질문에 맞는 답을 고르시오.(34번~40번)

```
1KE:DL9015  F9 J9 C9 D9 I9 Z9 Y9 /ICN 2 JFK 1  1000     1120   E0/388      14:20
            B9 M9 H9 Q9 K9 L9 U9 T9 X9 V9
2    KE 081  P9 A4 J9 C9 D9 I9 R9 /ICN 2 JFK 1  1000     1120   E0/388      14:20
            Z9 Y9 B9 M9 S9 H9 E9 K9 L9 U9 Q9 N9 T9 G9
3    OZ 222  J9 C9 D9 Z9 U9 P9 Y9 /ICN 1 JFK 4  1020     1135   E0/359      14:15
            B9 M9 H9 E9 Q9 K9 S9 V9 W9 T9 L9 G9
4OZ:UA7293  J9 C9 D9 Z9 P9 Y9 B9 /ICN 1 JFK 4  1020     1135   E0/359      14:15
            M9 E9 U9 H9 Q9 V9 W9 S9 T9 L9 K9 G9
5KE:DL9014  F9 J9 C9 D9 I9 Z9 Y9 /ICN 2 JFK 1  1930     2100   E0/388      14:30
            B9 M9 H9 Q9 K9 L9 U9 T9 X9 V9
```

34. 1번 항공편에 대한 설명 중 틀린 것을 고르시오.

    ⓐ 운항 항공기는 대한항공이다.

    ⓑ 모든 좌석이 예약 가능하다.

    ⓒ 인천 출발 터미널 번호는 1번이다.

    ⓓ 뉴욕(JFK) 도착 날짜는 출발 날짜와 동일하다.

35. 인천에서 뉴욕까지 총 비행 시간을 고르시오.

    ⓐ 10시간

    ⓑ 11시간 20분

    ⓒ 11시간 35분

    ⓓ 14시간 30분

36. 4번 항공편에 대한 설명 중 틀린 것을 고르시오.

ⓐ OZ과 UZ의 공동 운항 항공기이다.

ⓑ 일등석 좌석은 예약 가능하다.

ⓒ 항공 기종은 에어버스 사 소속이다.

ⓓ 인천 출발 시간은 아침 10시 20분이다.

37. 위 항공편 스케줄 중 뉴욕 도착 시간이 가장 빠른 항공편을 고르시오.

ⓐ KE081

ⓑ OZ222

ⓒ UA7293

ⓓ DL9014

38. OZ222편기의 뉴욕 공항 도착 터미널 번호를 고르시오.

ⓐ 1

ⓑ 2

ⓒ 3

ⓓ 4

39. 아래 항공편 중 비행시간이 가장 긴 항공편을 고르시오.

ⓐ KE081

ⓑ OZ222

ⓒ UA7293

ⓓ DL9014

40. 아래 항공편 중 에어버스 380 기종이 아닌 항공편을 고르시오.

ⓐ KE081

ⓑ OZ222

ⓒ DL9015

ⓓ DL9014

41. 아래 서비스 요청 코드 중 운송 시 의료 치료가 요구 되는 승객에게 적합한

서비스 코드를 고르시오.

ⓐ PETC

ⓑ MOML

ⓒ MEDA

ⓓ UMNR

42. 다음 내용 중 항공 스케줄 판독 시 필요한 사항이 아닌 것을 고르시오.

ⓐ 승객 이름 확인

ⓑ 출발지 확인

ⓒ 목적지 확인

ⓓ 도시간 운항 요일 확인

43. 비동반 소아 서비스, UMNR은 만____살 이하의 아동이 혼자 여행할 경우이다.

ⓐ 14

ⓑ 16

ⓒ 12

ⓓ 13

44. 아래 예시 중 항공사가 Ancillaries를 통해 얻는 이익을 고르시오.

    ⓐ 다양한 선택의 기회 제공

    ⓑ 개인 성향에 맞춘 여행 경험 제공

    ⓒ 비용 절감

    ⓓ 수익 증대

** 아래 질문을 보고 True, or False를 고르시오.(45번~50번)

45. 모든 임산부 승객은 의사 소견서를 제출해야 한다.

    ⓐ True

    ⓑ False

46. Ancillaries는 항공사가 항공권 운임에 포함하지 않는 추가 서비스를 의미한다.

    ⓐ True

    ⓑ False

47. Piece Concept을 사용하는 항공사는 가방 당 무게를 제한하지 않는다.

    ⓐ True

    ⓑ False

48. 유아 승객에 대한 서비스 중, 접을 수 있는 유모차는 무료 수하물로 허용 가능하다.

    ⓐ True

    ⓑ False

49. 수속 시 위탁 수하물인 Checked Baggage는 환승 지역 마다 짐을 확인하여야 한다.

ⓐ True

ⓑ False

50. 바르샤바 협약은 승객에 대한 항공사의 법적 책임에 대한 규정이다.

ⓐ True

ⓑ False

Answer Key

1. ⓑ	11. ⓑ, ⓒ	21. ⓑ	31. ⓒ	41. ⓒ
2. ⓑ	12. ⓒ	22. ⓒ	32. ⓐ	42. ⓐ
3. ⓐ	13. ⓓ	23 ⓑ	33. ⓓ	43. ⓒ
4. ⓐ	14. ⓑ	24. ⓓ	34. ⓒ	44. ⓓ
5. ⓐ	15. ⓒ	25. ⓒ	35. ⓓ	45. ⓑ
6. ⓒ	16. ⓒ	26. ⓐ	36. ⓑ	46. ⓐ
7. ⓑ	17. ⓑ	27. ⓑ	37. ⓐ	47. ⓑ
8. ⓒ	18. ⓓ	28. ⓓ	38. ⓓ	48. ⓐ
9. ⓑ	19. ⓓ	29. ⓓ	39. ⓓ	49. ⓑ
10. ⓐ	20. ⓐ	30. ⓒ	40. ⓑ	50. ⓐ

항공사여객서비스개론
Airline Passenger Service

ㅣ저자 소개ㅣ

김 경 혜

- 現 ㈜ 카사인터내셔널 대표
- 現 백석예술대학교 항공서비스학부 겸임교수(2018~)
- 現 한국 IATA 교육센터 대표 공인 강사(2018~)
- 前 타이 항공사(1995~2005): Passenger Reservation & Ticketing
- 前 스칸디나비아항공사(2005~2010): Passenger Reservation & Ticketing
  기업 영업 총괄 Corporate Sales Manager
- 前 가루다인도네시아항공사(2011~2018. 6): 한국지사 여객 영업 & 마케팅 총괄 이사, 예약, 발권 총괄, 기업 영업 총괄
- 이화여자대학교 졸업
- 서강대학교 경영전문대학원 SHAPE 수료
- IATA 국제 공인 자격증 보유:

  IATA Pricing and Ticketing Certification
  Assisting Travelers with Special needs
  BSP Essential for Travel Agency

항공사여객서비스개론
Airline Passenger Service

초판 1쇄 인쇄 2021년 3월 5일
초판 1쇄 발행 2021년 3월 10일

저　　자 김 경 혜
펴 낸 이 임 순 재
펴 낸 곳 (주)한올출판사
등　　록 제11-403호
주　　소 서울시 마포구 모래내로 83(성산동, 한올빌딩 3층)
전　　화 (02)376-4298(대표)
팩　　스 (02)302-8073
홈페이지 www.hanol.co.kr
e - 메 일 hanol@hanol.co.kr
I S B N 979-11-6647-062-2

본 도서를 구입하시분은 Airline Passenger Service 자격시험(민간자격증 등록번호 2019-005968, 한국능력개발원, 주무부처: 국토교통부, 발급기관: 한국IATA교육센터) 응시료(99,000원)가 30%할인되어 69,000원에 응시가 가능합니다. 시험응시 방법과 문의는 한국IATA교육센터(www.iataedu.com)로 연락바랍니다.